BASTEI
LÜBBE

Über dieses Buch:

Als Harald Ickler im Februar 2003 die Gelegenheit bekam, mit seinem Bekannten und einer kleinen Reisegruppe in die algerische Wüste zu fahren, sagte er spontan zu. Die Reise sollte über Tunesien ins südliche Algerien führen. Eine Reisewarnung des Auswärtigen Amtes bestand zu diesem Zeitpunkt nicht, der Süden Algeriens galt als sicher und wurde vielfach bereist.

Harald Icklers Reisegruppe gehörte zu den ersten Geiseln, die in der spektakulären Folge von Entführungen im Frühjahr 2003 in die Gewalt islamistischer Extremisten gerieten. Die 54 Tage in der Hand der Mudschaheddin hat er nach seiner glücklichen Befreiung Tag für Tag erinnert. Dieser Prozess war der zentrale Teil der Verarbeitung seiner Erlebnisse. Als Ausgangspunkt seiner Erinnerungen diente sein in der Geiselhaft geführtes Tagebuch. Der Wortlaut der Dialoge in diesem Buch ist nachempfunden.

Mit Rücksicht auf jene, die mit ihren Erlebnissen nicht an die Öffentlichkeit gehen möchten, und zum Schutze aller Personen wurden die Namen der Entführungsopfer in diesem Buch geändert.

Über die Autoren:

Harald Ickler, 47, gebürtiger Schwede, lebt seit mehr als zwanzig Jahren in Deutschland. Der Familienvater aus Oberbayern kennt und liebt die Wüste schon seit 1976, als er im Sinai als UNO-Soldat stationiert war.
Susanne Längsfeld ist Journalistin in München.

Harald Ickler

mit Susanne Längsfeld

Entführt in der Wüste

Tagebuch einer Sahara-Geisel

BASTEI
LÜBBE

BASTEI LÜBBE TASCHENBUCH
Band 61544

1. Auflage: Dezember 2003

Bastei Lübbe Taschenbücher ist ein Imprint
der Verlagsgruppe Lübbe

© 2003 by Verlagsgruppe Lübbe GmbH & Co. KG,
Bergisch Gladbach
Titelbild: René Durand
Karte: Reinhard Borner
Einbandgestaltung: Gisela Kullowatz
Satz: Textverarbeitung Garbe, Köln
Druck und Verarbeitung: Ebner & Spiegel, Ulm
Printed in Germany
ISBN 3-404-61544-1

Sie finden uns im Internet unter
www.luebbe.de

INHALT

Für Andrea, Simon und Philip

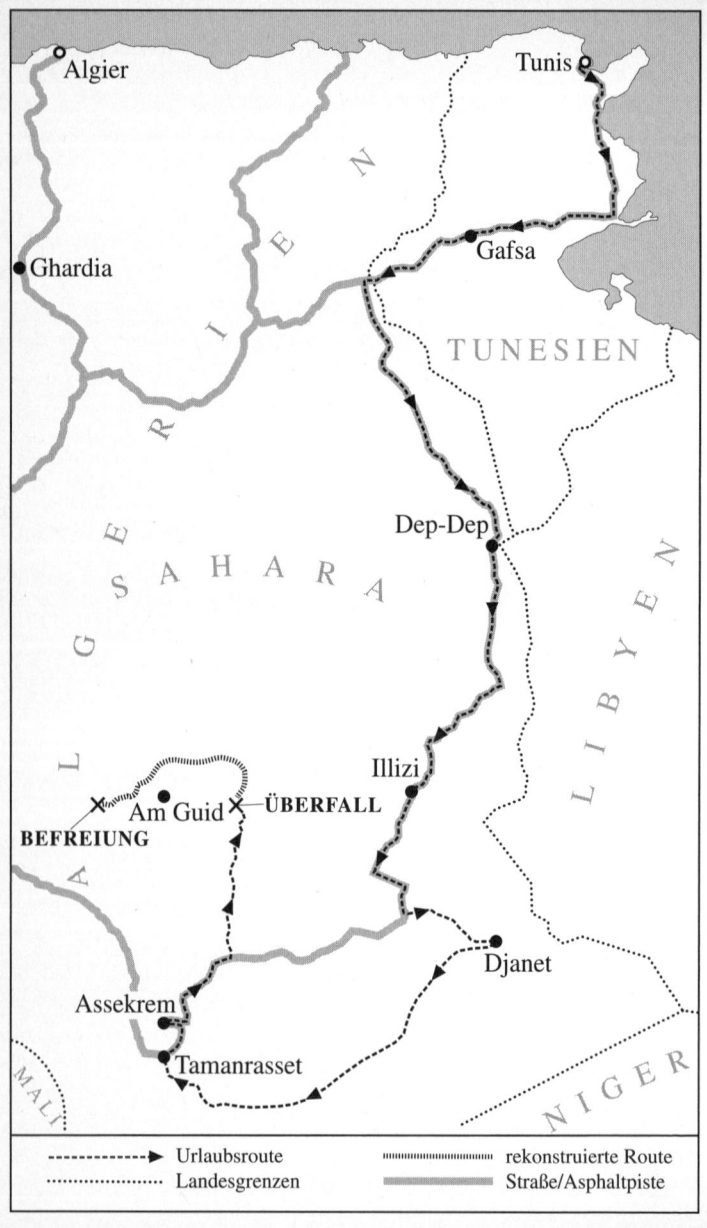

KAPITEL 1

REISEVORBEREITUNGEN

Februar 2003

Wenn es jemanden gibt, der die Wüste kennt und auch die schwierigsten Pisten der Sahara mit einem Geländewagen bewältigen kann, dann ist es Toni. Über seine Pläne, im März 2003 seine 13. Wüsten-Tour zu starten, diesmal in die algerische Sahara, war ich seit Monaten unterrichtet. Wir sprachen über die notwendige Ausrüstung, studierten Landkarten und diskutierten die Risiken. Noch Ende Januar war keine Rede davon, dass ich selbst mit von der Partie sein könnte – schließlich habe ich eine Frau und zwei kleine Kinder und bin bei der Bewältigung unseres Alltags unentbehrlich. Dennoch nahm ich mit einem gewissen – größtenteils uneingestandenen – Neid an Tonis Vorbereitungen teil. Sie waren angenehmer Anlass, mich an meine eigenen, zum Teil gemeinsam mit meiner Lebensgefährtin Andrea unternommenen Sahara-Reisen zu erinnern. Die letzte führte mich 1994 in die libysche Wüste.

Ein Wüstentrip sollte, um die Risiken zu minimieren, mit mindestens zwei Fahrzeugen unternommen werden, damit im Fall einer Panne wenigstens noch ein Wagen übrig ist, mit dem man einsame und unwegsame Gebiete wieder verlassen kann. Tonis Mannschaft wollte sicherheitshalber sogar mit drei Fahrzeugen starten, die jeweils zwei Insassen hatten: Ingo und Anke, zwei Studenten aus Bayreuth, zu denen er über ein Internet-Forum in Kontakt getreten war, sowie den 54-

jährigen Reno und seinen Beifahrer, die irgendwo in Franken beheimatet waren. Toni wurde von seiner Lebensgefährtin Eva begleitet, die bereits auf allen zwölf vorherigen Wüstentrips dabei gewesen war.

Mit 33 Jahren war Toni zwar jung, aber eindeutig der erfahrenste Fahrer in der Gruppe, und er hatte die Vorbereitungen, die eine Unmenge Detailarbeit erforderten, hervorragend im Griff.

Dann kam die Nachricht, dass Renos Beifahrer ausfiel, weil sein Chef ihn dringend brauchte. Toni rief mich an, fragte, ob ich einspringen wolle. Toni und Eva leben unweit von Miesbach. Wir kannten uns nun seit fast zehn Jahren als Mitglieder des Geländewagen-Vereins und hatten bereits einige Fahrten innerhalb Europas gemeinsam unternommen. Es lag also nahe, dass Toni mich als Beifahrer für Reno gewinnen wollte. »Mensch, Harald, gib dir einen Ruck und fahr mit«, hatte Toni mich ermuntert. »Du bist der richtige Mann dafür, und Andrea und die Kinder kommen sicher auch mal vier Wochen lang allein klar!«

Wenn Andrea nicht zugestimmt hätte, wäre ich nie auf die Reise gegangen. Aber diese wunderbare Frau, die am liebsten selbst mitgefahren wäre, tat alles, um mir die Tour zu ermöglichen.

Zu diesem Zeitpunkt verwandelte ich mich innerhalb kurzer Zeit vom Anteil nehmenden Beobachter der Vorbereitungen zum aktiven Reisegenossen. In aller Eile musste ich ein Visum in Berlin beantragen und vor allem eine Vormittagsbetreuung für unsere beiden Jungs finden.

Während Toni dabei war, seinen Toyota-Geländewagen komplett durchzuchecken, übernahm ich es, einen Teil der notwendigen Ausrüstung zu beschaffen: Reifenflickzeug, Reparaturset für mögliche Motorschäden, Luftfilter, Motor- und Getriebeöl, Keilriemen, Ersatz-Dieselpumpe, Kaltschweiß-Paste und Pansa-Band. Da ein Navigations-System und ein Kompressor zum Aufpumpen von Reifen bereits zur Ausstattung von Tonis Wagen gehörten, war er damit bestens ausgerüstet.

Aber auch die Reise-Apotheke musste genau durchdacht werden. Verbandszeug, Einmalspritzen, Schmerztabletten und Breitbandantibiotika sind ein Muss, ebenso wie Medikamente gegen Durchfall und gegen Hautinfektionen. Um schmutziges Wasser trinkbar zu machen, gab es für den Notfall Mikropur – in Wasser lösliche Tropfen, die Keime abtöten. Die eigentliche Wasserversorgung sollte aber über einen eingebauten Wassertank erfolgen, der 200 Liter fasste. Hinzu kamen eine im Fahrzeug installierte Seilwinde und eine Ersatzbatterie, die notfalls über eine Solaranlage auf dem Fahrzeugdach aufgeladen und betrieben werden konnten, außerdem Sandbleche, Schaufeln und ein Dieselvorrat für eintausend Kilometer sowie eine Unmenge in Deutschland gekaufter Lebensmittel, um unsere Verpflegung in jenen Gebieten sicherzustellen, in denen es keine Läden oder Restaurants gab.

Die beiden anderen Fahrzeuge waren ebenfalls gut ausgerüstet, sodass wir am 1. März guten Gewissens auf Tour gehen konnten.

Auch die Recherchen zur Reisesicherheit gehören natürlich zu einer Reise nach Algerien, und so waren wir regelmäßige Besucher aller möglichen Internetseiten. Das Auswärtige Amt warnte zwar vor Banditen und Schmugglern im Grenzgebiet zu Mali, Mauretanien und Niger. Ansonsten fanden wir dort aber keine Warnungen, die uns veranlasst hätten, die vorgesehene Route zu ändern. Wir planten, mit der Fähre von Genua nach Tunis überzusetzen und von dort durch Tunesien an der algerischen Grenze entlangzufahren, sodass wir erst im Süden Algeriens, der im Gegensatz zum Norden als ungefährlich galt, die Grenze passieren mussten. Nach dem Grenzübertritt sollte es in südlicher Richtung über Illizi nach Djanet und dann südwestlich nach Tamanrasset gehen. Von Tamanrasset am südlichen Rand des Hoggar-Gebirges aus wollten wir dann wieder in nördlicher Richtung über den Berg Assekrem auf den letzten Höhepunkt unserer Reise, die unter Sahara-Fahrern so berühmte Gräberpiste, zusteuern. Wir richteten uns dabei nach detaillierten Landkarten, die in speziellen Läden für Expeditions-Bedarf angeboten werden. Zudem waren sämtliche Fahrzeuge mit Navigationsgeräten ausgestattet – wir fühlten uns rundum abgesichert und perfekt vorbereitet.

KAPITEL 2

SONNENAUFGANG
AUF DEM BERG ASSEKREM

15. März – 21. März

Am 2. März 2003 betraten wir afrikanischen Boden. Oder besser, wir befuhren ihn, denn natürlich holperten wir mit unseren Geländefahrzeugen schwungvoll vom Landesteg der Fähre in den Hafen von Tunis. Sofort umfing mich diese besondere Atmosphäre, die unweigerlich ein Kribbeln im Bauch auslöst, alle Bedenken fortwischt und die Sinne ganz nach vorne ausrichtet, auf die kommenden Wochen voller Erlebnisse in grandiosen afrikanischen Wüstenlandschaften.

Die exotische Kulisse arabischer Länder wird unter anderem durch die weiten Gewänder der männlichen Einheimischen geprägt, die sich in Pumphosen mit Burnussen oder langen Hemden kleiden, die bis über die Knie reichen. Der Kopf ist mit einem zum Turban gewickelten Tuch bedeckt, unter dem sich häufig langes, lockiges, meist zu Zöpfen geflochtenes Haar verbirgt. Unter Sahara-Fahrern nennt man die Einheimischen ›Muftis‹, was eher bequem als korrekt ist. Denn ein Mufti ist im arabischen Sprachraum ein hoher islamischer Würdenträger, und somit eine religiöse Autorität.

Jenes wunderbare Kribbeln im Bauch, das mich im Hafen von Tunis befiel, wurde leider schon allzu bald überlagert. Mein Reisegefährte Reno, dessen Beifahrer ich war, war ein sehr gebildeter Mann, der in vielen Bereichen über umfangreiches Wissen verfügte. Seine angebliche Wüstenerfahrung aber schien zu einer seiner Storys zu gehören, deren Wahrheitsgehalt eher zweifelhaft war.

Als wir in Tamanrasset ankamen, lag ziemlich genau die Hälfte unserer Gesamtstrecke auf dem nordafrikanischen Kontinent bereits hinter uns. Den südlichsten Punkt unserer Route hatten wir bereits erreicht, und nun freuten wir uns auf den Heimweg, der uns noch durch einige der spektakulärsten Landschaften führen sollte.

»I hör mir den Schmarrn nimmer länger an …!«

Wütend stieß Toni seinen Teller mit den letzten Hühnerknochen und Pommes Frites von sich. Seine Augen brannten kleine Löcher ins Leere. Reno, der ihm gegenübersaß, sah ihn bestürzt an. »Toni, ich sag dir, du bist ungerecht. In meinem ganzen Leben hat so noch keiner mit mir geredet.«

Eva und Anke taten, als ob sie die Auseinandersetzung nichts anginge. Sie wechselten Blicke, die besagten: ›Gut, dass jetzt mal alles auf den Tisch kommt, aber wir beide werden den Streit nicht noch weiter hochkochen lassen.‹

Ingo und ich tauschten ebenfalls einen wissenden Blick. Ich wollte mich nicht einmischen, ertappte mich jedoch dabei, wie ich unwillkürlich die Lippen zusammenpresste. Nur mit Mühe hielt ich zurück, was mir seit Tagen auf der Zunge lag: ›Reno, halt endlich die Klappe! Ich kann deine Belehrungen nicht mehr ertragen und deine Aufschneiderei …‹

Es war einfach unnötig, zu wiederholen, was Toni und Ingo ohnehin schon klar gemacht hatten: Es ging uns mächtig auf den Geist, wie Reno sich ständig über alles und jedes ausließ.

An diesem Abend in Tamanrasset brach ein Damm. Alle negativen Gefühle, die sich seit Beginn unserer Reise angestaut hatten, entluden sich in einem mächtigen Schwall über Reno. Wir anderen waren uns einig: Ohne ihn hätten wir eine traumhafte Reise gehabt. Wir Wüstenfahrer wollen ja alle auf die eine oder andere Weise nichts als den Frieden unserer Seele. Mutwilliger Streit hat da nichts zu suchen, und Toleranz ist eine Grundregel unter Reisegefährten.

Schließlich platzte ich doch heraus. »Lügner!«, schrie ich. »Schlimm, dass du in deinem Alter und mit deinem Wissen so ein Verhalten nötig hast!«

Besonders Toni zeigte sich an diesem Abend unerbittlich. In den Jahren, die wir uns nun schon kannten, hatte ich ihn selten so erlebt. »Wenn du dich nicht bei uns allen entschuldigst, Reno, dann wird unsere Reise hier, auf diesem Campingplatz, enden – zumindest für dich. Harald ist schon drauf und dran, mit den Leuten aus dem Unimog zurück nach Deutschland zu fahren. Das will ich auf jeden Fall verhindern!«

Reno sackte in sich zusammen, aber dann siegte doch wieder seine Sturheit, und umso entschiedener begehrte er auf: »Wofür bitte soll ich mich entschuldigen? Wenn es Missverständnisse gegeben hat, tut mir das Leid, aber …«

»Nix aber!«, schrie Toni. »Wir alle wollen, dass du dich entschuldigst – nur dann können wir über einen Neuanfang reden!«

Abrupt schob Reno seinen Stuhl zurück und erhob sich, als wolle er uns mit seiner Körpergröße beeindrucken. »Ehrlich, so was hab ich noch nie erlebt … da brauch ich Bedenkzeit …«

»Bedenkzeit!«, wiederholte Ingo genervt. »Mann, was gibt's da zu bedenken?«

»Schon gut«, beschwichtigte ich schließlich, »warum soll er keine Bedenkzeit haben? – *See you at breakfast*, Reno!«

Als Reno das Restaurant verlassen hatte, brachen wir alle in Gelächter aus. Aber wir waren nicht wirklich erleichtert – weil uns das Frühstück ja noch bevorstand. Und weil Reno nichts zu begreifen schien. Und weil man sich nie gut fühlt, wenn man das empfindliche Ego eines anderen getroffen hat. Und nicht zuletzt weil man ahnt, dass nicht einer allein eine solche Situation erschafft, sondern alle irgendwie daran beteiligt sind.

»Was ist, wenn er sich morgen nicht entschuldigt?«, fragte Eva in die Runde.

»Das wäre scheiße«, murmelte Toni, doch dann hob er sein Bierglas und rief betont munter: »Jetzt erst recht – auf unser nächstes Etappenziel: den Assekrem!«

Ich habe keine Ahnung, wie Reno es am nächsten Morgen schaffte, uns davon zu überzeugen, dass nun alles anders würde – keine Volksreden mehr, keine erfundenen Geschichten, nur noch fraglose Solidarität, wie es sich unter Reisenden in der Wüste gehört. Entschuldigt hat er sich jedenfalls nicht. Wir anderen bestanden aber auch nicht mehr darauf – uns war klar, wie schwer es ihm gefallen wäre.

◆ ◆ ◆

Unsere dritte Reisewoche in Algerien war bereits angebrochen. Von Tamanrasset aus wollten wir die berühmte Einsiedelei des französischen Mönchs Charles de Foucauld auf dem Berg Assekrem besuchen und von dort aus dann in nordöstlicher Richtung der Gräberpiste folgen.

Wir waren wie immer auf unsere drei Geländewagen verteilt: Toni und Eva fuhren meist in ihrem Toyota voraus, dann folgten Reno und ich in Renos Nissan Pick-up, und im dritten Fahrzeug, einem Landrover, saßen Anke und Ingo, die öfter mal abzweigten, um abseits der Piste zu fotografieren. Die drei Gruppen hielten untereinander Funkkontakt, sodass wir sechs uns spätestens gegen Abend wieder zusammenfanden, um gemeinsam unser Nachtlager aufzuschlagen.

Nach vielen Nächten, in denen wir uns irgendwo in der Wildnis ein Lager gesucht hatten, war der Campingplatz in Tamanrasset eine Oase für uns. Ausgiebig duschen, Wäsche waschen, das Auto aufräumen, die Wasser- und Dieselvorräte auffüllen, Lebensmittel einkaufen und mit zu Hause telefonieren – das waren die Annehmlichkeiten eines Campingplatzes am Rande einer größeren Wüstenstadt.

An diesem Abend, an dem der Streit mit Reno eskalierte, hatte ich mit meiner Lebensgefährtin Andrea telefoniert. Von ihr erfuhr ich, dass in den deutschen Nachrichten von drei vermissten Motorradfahrern berichtet wurde. »Sie sind genau in dem Gebiet verschwunden, in dem ihr euch gerade aufhaltet. Habt ihr von der Geschichte gehört?«, hatte Andrea gefragt, aber ich hatte keine Ahnung, von wem sie sprach.

Später stellte ich fest, dass andere Gäste auf dem Campingplatz den Motorradfahrern tatsächlich begegnet waren. Hier waren sie zuletzt gesehen worden. Das lag nun bereits eine Woche zurück, aber niemand auf dem Campingplatz machte sich deshalb ernstliche Sorgen – wer in dieser Gegend reist, weiß nur zu gut, wie oft man gezwungen ist, seine Pläne zu ändern. Schon eine etwas aufwändigere Reparatur am Auto kann dazu führen, dass man einige Nächte abseits der geplanten Route verbringen muss.

Auch Reno hatte an diesem Abend mit seiner Lebensgefährtin telefoniert, doch das Gespräch schien ihn nicht gerade in beste Laune versetzt zu haben. Den Rest des Abends, auch beim Essen, sprach er kaum – wohl mit ein Grund dafür, dass sich unsere aufgestauten Gefühle hier zum ersten Mal an ihm entluden.

Der Berg Assekrem liegt inmitten des Hoggar-Massivs. Er gilt als die größte touristische Attraktion der Region, und so waren Reno und ich auf dem Weg dorthin guter Dinge. Nachdem wir beim Frühstück gemeinsam einen Neuanfang beschlossen hatten, war ich gern bereit, die alten Geschichten von nun an ruhen zu lassen. Auch Reno schien deutlich entspannter als am Vorabend. Ob er vielleicht vor der Abreise noch mal mit seiner Freundin telefoniert hatte? Unstimmigkeiten mit der Liebsten, die man viele tausend Kilometer entfernt zurückgelassen hat, wiegen schwer, wenn man wochenlang *on the road* ist.

Die Wüstensonne war zu dieser Jahreszeit zum Glück erst mäßig heiß – während wir uns durch das unwegsame Gelände kämpften, erreichten die Temperaturen höchstens 30 Grad. So waren auch Umwege oder unfreiwillige Aufenthalte noch erträglich, zu denen es gelegentlich kam, wenn eins der Autos stecken geblieben war oder eine Reifenpanne hatte. Die Nächte waren dagegen mit 15 Grad sehr kühl, was mich jedoch nicht davon abhalten konnte, den Sternenhimmel über der Wüste so lange zu bestaunen, bis ich kalte Füße bekam. An die Menschen daheim wollten wir alle nur mit warmem Herzen denken.

Die Piste zum Assekrem verlief zum Glück eindeutig, sodass wir uns einmal nicht – wie schon so oft – mit der Frage beschäftigen mussten, ob wir uns noch auf der Piste befanden oder bereits vom Weg abgekommen waren. Jedes Auto war zwar mit einem *Geo Position System* (GPS) ausgerüstet, das uns mit einem Warnton signalisierte, wenn wir zu weit von der geplanten Route abgekommen waren, doch leider ist jedes GPS nur so gut wie die Daten, die ihm zur Verfügung stehen. In diesem Fall wichen die Daten mitunter erheblich vom tatsächlichen Verlauf der Sand- oder Schotterpisten ab. So hörten wir den Warnton an manchen Tagen mehrmals, ohne dass eine Kurskorrektur überhaupt möglich, geschweige denn sinnvoll gewesen wäre. Meist führte die Piste dann bereits wenig später wieder in die gewünschte Richtung.

Da das Gelände stetig anstieg, zog sich die Fahrt über Stunden hin. Trotzdem war ich in bester Laune, voller Erwartung auf das, was der Tag noch bringen würde. Ich freute mich auf diesen Berg, dessen prächtige Sonnenauf- und -untergänge in den Reiseführern wortreich gerühmt wurden. Reno dagegen wirkte in sich gekehrt. Wir beide gingen seit diesem Morgen zwar freundlich, aber doch vorsichtig miteinander um, denn wir trauten dem Frieden noch nicht so recht.

Es war gegen drei Uhr nachmittags, als unser Mini-Konvoi sich der Bergstation näherte, die ein paar hundert Meter unterhalb des Gipfelplateaus lag. Dort wollten wir unser Nachtlager aufschlagen, um dann den Rest des Berges gemächlich zu Fuß zu erklimmen.

Zu unserer Überraschung herrschte auf der engen, steilen Serpentinenstraße zur Bergstation reger Verkehr. Ein nicht abreißender Strom von Geländefahrzeugen kam uns entgegen, ebenso viele hatten aber auch dasselbe Ziel wie wir.

Es lag sicher an dem ungewohnten Verkehr, dass wir das Filmteam erst im letzten Moment bemerkten. Es hatte sich hinter einer Kurve aufgebaut, von wo aus sich eine gute Aussicht über das Bergmassiv bot – sowohl nach oben als auch auf die unter uns liegenden Hänge. Anscheinend fand man unsere drei Autos interessant genug, um sie bei ihrer langsamen Fahrt bergauf zu filmen. Eines der Fahrzeuge bei dem Team war ein Toyota mit einheimischem Kennzeichen, also handelte es sich wohl um ein algerisches Team. Seinen Boss konnten wir unschwer ausmachen – ein hoch gewachsener, korpulenter Mann mit prägnantem dunklem Schnauzbart, der dem Rest des vierköpfigen Teams Anweisungen gab.

Reno und ich rätselten: Waren diese Leute Dokumentarfilmer? Oder drehten sie einen Werbefilm für die algerische Tourismus-Zentrale? Würden wir sie womöglich abends auf dem Gipfel wieder treffen, wo sie den Sonnenuntergang auf Film verewigten?

Ein Team des ZDF hätte mich an diesem Ort weniger in Erstaunen versetzt als diese einheimische Crew. »Wieso filmen die ihre eigene Landschaft?«, überlegte ich laut.

Reno hingegen fand daran nichts Bemerkenswertes. »Deine Alpen werden doch auch alle naselang gefilmt«, versetzte er grinsend. »Stimmt«, räumte ich ein, »und ich schau sie mir sogar im Fernsehen an, obwohl ich sie täglich in natura vor mir sehe!«

Beim Gedanken an zu Hause überkam mich wieder einmal Heimweh. Ich dachte an Andrea und unsere beiden kleinen Söhne Philip und Simon. Ich dachte an unser wunderschönes altes Bauernhaus auf dem Stadlberg, das mit seinem wilden Grundstück auch für die Kinder ein Paradies war. Und ich dachte an meine schwedische Heimat, die der bayerischen so unähnlich ist und dennoch ebenso schön.

Was in aller Welt hatte mich dazu getrieben, mich so weit von meiner bayerischen Wahlheimat zu entfernen? Warum hatte ich die drei Menschen, die mir am nächsten standen, allein gelassen, um wieder in die Wüste zu ziehen wie schon einige Male zuvor? Und vor allem: Warum konnte und wollte ich der magnetischen Anziehungskraft der Wüste nicht widerstehen, sondern nahm lieber all die Strapazen und Unbequemlichkeiten in Kauf, statt einen ganz gewöhnlichen Familienurlaub zu machen?

Während wir inmitten eines ganzen Pulks von Fahrzeugen die letzten Serpentinen zur Bergstation des Assekrem bewältigten, dachte ich an den Abschied von Andrea und den Kindern. Zum ersten Mal seit deren Geburt war ich so lange allein von zu Hause weg.

Von den Kindern hatte ich mich schon am Abend zuvor verabschiedet, als ich sie zu Bett brachte, und auch mit Andrea gab es keine herzzerreißende Abschiedsszene. Als der Wecker um vier Uhr früh klingelte, lag noch tiefe Nacht über unserer oberbayerischen Berglandschaft. Andrea war entsprechend verschlafen, als sie für Reno und mich Kaffee zubereitete. Wir küssten und umarmten uns nur kurz, bevor ich gemeinsam mit Reno in seinen Pick-up mit dem auf der Ladefläche montierten Schlafabteil stieg.

Reno war am Abend zuvor hergekommen, um mich abzuholen. Um fünf Uhr wollten wir uns in Bayerischzell mit Toni und Eva treffen. Am Fährhafen von Genua sollten die beiden Studenten Ingo und Anke zu uns stoßen. Die Fünf hatten sich bereits bei einem gemeinsamen Treffen persönlich kennen gelernt – ich war der Einzige, der Reno erst am Vorabend der Reise zum ersten Mal begegnete.

Rückblickend erinnere ich mich, dass Andrea von Anfang an Zweifel an diesem Reisepartner signalisierte. »Mit dem hast du noch einiges vor dir«, prophezeite sie mir, als wir am Abend vor der Abreise zu Bett gingen.

Ich dagegen beschloss, mir wegen Reno keine Sorgen zu machen – dazu war es nun ohnehin zu spät –, sondern mich ganz auf die spannende Reise zu konzentrieren, die vor uns lag.

◆ ◆ ◆

Mittlerweile hatten unsere drei Fahrzeuge den kleinen Campingplatz unterhalb der Bergstation erreicht. Da wir uns bereits in fast 2 600 Meter Höhe befanden, machten wir uns auf eine kalte Nacht, womöglich mit Minusgraden, gefasst. Anke, mit ihren 25 Jahren die Jüngste in unserer Gruppe, war nicht begeistert über diese Aussichten. Sie hatte schon seit unserer Abfahrt in Tamanrasset über Übelkeit, Bauch- und Kopfschmerzen geklagt und verspürte jetzt keinerlei Lust auf den dreiviertelstündigen Aufstieg zum Gipfel. Ingo beschloss, bei ihr zu bleiben, und Reno befielen Zweifel, ob er mit seiner strapazierten Raucherlunge den Aufstieg bewältigen würde. »Eigentlich wolltest du dir doch das Rauchen abgewöhnen«, stichelte Eva. Aber wir anderen wussten, dass es zwecklos war – solange einer von uns noch Zigaretten hatte, würde Reno seine fünf Packungen täglich verqualmen. Für etwaige Engpässe hatte er große Mengen nikotinhaltiger Kaugummis dabei.

So traten schließlich nur Toni, Eva und ich gegen 18 Uhr den Marsch zum Gipfel an. Reno hatte mir seine Kamera mitgegeben, damit ich den Sonnenuntergang fotografierte, denn auf dieses einmalige Dokument wollte er nicht verzichten. »Außerdem kann ich morgen früh ja immer noch gehen«, murmelte er, als wir drei losstapften.

Wir waren durchaus nicht die Einzigen, die um diese Zeit zum Gipfel aufbrachen – tatsächlich machten sich fast 70 Touristen mehr oder weniger gleichzeitig mit uns auf den Weg, um das Naturschauspiel zu bestaunen. Die meisten von ihnen waren mit dem Flugzeug nach Tamanrasset gekommen, um ihren Kameras den Blick vom höchsten Berg Algeriens einzuverleiben. Viele von ihnen würden den Berg in der Dämmerung wohl wieder verlassen, denn die gerade mal 20 Betten der Herberge schienen belegt zu sein, und auf dem Campingplatz befanden sich außer unseren Fahrzeugen nur noch wenige andere.

Natürlich war uns vorher klar gewesen, dass das Anfang des Jahrhunderts von Père Foucauld gegründete Einsiedlerkloster auf der steil herausragenden Felsenspitze des fast 2 700 Meter hohen Assekrem eine echte Attraktion darstellte. Aber niemals hätten wir mit einem solchen Ansturm von Tagesausflüglern gerechnet! Dennoch ließen wir uns den Gipfel und das Kloster nicht vermiesen. Trotz des ungewöhnlich diesigen Wetters fotografierten wir mit verschiedenen Kameras das faszinierende, in dunkle Terrakottatöne getauchte Bergpanorama des Hoggar-Massivs. Tief unten, am Fuß des Gebirges, erstreckte sich die algerische Sahara – eine aus dieser Entfernung lebensfeindlich wirkende Steinlandschaft, in der man keinerlei menschliche Ansiedlungen vermutet hätte.

Mich überkam der Drang, dort oben möglichst abseits von lärmenden Menschengruppen allein umherzuwandern. Sicher ein Tribut an das gesamte Ambiente, das mich stark an den Berg Dschebel erinnerte, auf dem ich 1976 als Teil der schwedischen UNO-Truppen im Sinai stationiert war. Mein sechsmonatiger Aufenthalt dort hat mich mit meinen damals 20 Jahren stark geprägt. Er legte den Grundstein für meine Liebe zu archaischen Landschaften wie auch der, die sich jetzt vor meinen Augen ausbreitete. So sehr ich das satte Grün und die üppige Vegetation meiner oberbayerischen Wahlheimat schätze – nichts ist vergleichbar mit der majestätischen, menschenfeindlich erscheinenden Natur des Nahen Ostens und Nordafrikas, insbesondere aber mit den dortigen Wüstengebieten, deren Unerbittlichkeit bereits im Alten Testament geschildert wird.

Ich entfernte mich ein paar Schritte von der Menschenansammlung. Da fiel mein Blick auf die ehemalige Einsiedelei. Sie liegt etwas seitlich des Gipfelplateaus und wird auch heute noch von einer Hand voll katholischer Mönche bewirtschaftet. Ihr Anblick ließ vor meinem inneren Auge ein anderes Bild erscheinen – eine lebhafte Erinnerung an den Berg Dschebel, auf dessen Gipfel ebenfalls eine Kapelle steht.

Es muss kurz nach Sonnenaufgang gewesen sein, als ich auf einem Stein sitzend diese allen Zeiten trotzende Kapelle betrachtete. Plötzlich trat eine weiß gekleidete Frau aus einem der Seitengebäude. Sie war so unwirklich – im Gegenlicht erschien sie mir buchstäblich wie ein Engel, den ein gütiges Schicksal direkt für mich vom Himmel gesandt hatte. Ich war überwältigt.

Später stellte sich heraus, dass der Engel sich des Körpers einer jungen Zahnärztin aus Tel Aviv bedient hatte, die sich zum Fasten für 40 Tage in das Bergkloster zurückgezogen hatte.

Es war schon nach 20 Uhr, als Eva, Toni und ich im Dämmerlicht wieder die Bergstation erreichten, die nun von abfahrtbereiten Touristen bevölkert war. Der Besitzer des kleinen Restaurants schien zu erkennen, dass wir nicht zu den Tagesausflüglern gehörten, denn er trat auf uns zu und fragte, für wie viele Personen wir das Abendessen vorbestellen wollten. Weil Anke krank war, bestellten nur für fünf.

Wir fünf jedenfalls hatten mächtigen Hunger. Bereits vor der vereinbarten Zeit betraten wir das gemütliche kleine Restaurant. Dort nahm man auf kleinen Hockern vor einer niedrigen, langen Tafel Platz, die sich über zwei Drittel des Raumes erstreckte, und ließ sich von merkwürdig beschwingten Kellnern einfache, aber sehr schmackhafte landestypische Gerichte servieren.

An einem Tisch im hinteren Teil des Raumes entdeckte ich das algerische Filmteam vom Nachmittag. Unverkennbar saß dort der hünenhafte, schnauzbärtige Mann, den ich für den Boss hielt, und sah sich aufmerksam im Lokal um. Von seinem Blick ging eine eigentümliche Intensität aus.

Später saßen wir Tee trinkend gemeinsam mit ihm und seinem Team vor dem Kamin. Aber wir wechselten kein Wort miteinander – er sprach mit seinen Leuten Arabisch, während wir uns untereinander lebhaft unterhielten.

Anke hatte den ganzen Abend im Auto verbracht. Am nächsten Morgen ging es ihr zum Glück wieder besser, und wir konnten nach einem ausgiebigen Frühstück die Weiterfahrt in Richtung Nordosten antreten.

Nicht nur Reno, sondern wir alle hatten vorgehabt, den Sonnenaufgang vom Gipfelplateau aus zu beobachten. Es sollte uns doch gelingen, bessere Fotos zu machen als am Vorabend! Aber wir alle hatten – ganz gegen unsere Gewohnheit – die frühen Morgenstunden verschlafen.

»Wahrscheinlich wäre es genau so diesig gewesen wie gestern!«, brummte Toni, während er seinen Toyota belud, und beruhigte damit unser ohnehin kaum vorhandenes schlechtes Gewissen.

Reno und ich waren bereits fertig mit Einpacken, und so schlenderte ich zu einem kleinen Stand an der Straße, um mir die Souvenirs anzusehen. Der Verkäufer war sympathisch, einige seiner Schmuckstücke gefielen mir gut, und so kaufte ich schließlich einen silbernen Armreif und eine Halskette für Andrea. Als ich den Stand verließ, war ich stolz, dass ich den Händler um drei Euro heruntergehandelt hatte – eine lächerliche Summe, gemessen an dem, was ein Einheimischer erreicht hätte. Aber als Ausländer, der im orientalischen Handeln nicht so geübt ist, muss man sich eben mit kleinen Erfolgen zufrieden geben.

◆ ◆ ◆

Die Route, die nun vor uns lag, verlief geradewegs in nördlicher Richtung. Bis zu der fast 500 Kilometer entfernten Stadt Bordj Omar Driss hatten wir nur Sand- oder Steinpisten vor uns. Dieser Weg ist beschwerlich, aber spektakulär – er führt an jenen uralten Gräbern vorbei, die einem Teil der Strecke ihren Namen gegeben haben: die Gräberpiste.

Der kleine Campingplatz der Bergstation lag kaum hundert Meter hinter uns, als wir erneut das Film-Team erblickten. Es hatte seine Arbeit bereits wieder aufgenommen und filmte wiederum in einer Kurve, die eine gute Aussicht talwärts bot. Im Vorbeifahren grüßten wir die Mannschaft kurz mit erhobener Hand, und alle erwiderten den Gruß. Nur der Kameramann reagierte nicht – er konzentrierte sich darauf, unseren kleinen Konvoi zu filmen, und verfolgte unsere Fahrt noch eine Zeit lang die Serpentinen abwärts.

Reno und ich mussten lachen. »Glaubst du, dass wir jetzt in einem Werbefilm für Reisen durch Algerien auftauchen?«, fragte ich ihn. Reno zuckte nur mit den Schultern. »Und wenn schon – schau uns an! Wir sind doch eine echt gute Werbung für das Land!«

Um auf unsere Route zu gelangen, hatten wir beschlossen, nur ein kurzes Stück auf der Straße in Richtung Tamanrasset zurückzufahren, um dann – noch im Hochgebirge – links ins Gelände abzubiegen.

Wegen des starken Regens im Frühjahr hatte man uns vor dieser Piste gewarnt – womöglich sei sie teilweise weggespült worden und an abschüssigen Stellen gefährlich zu befahren. Wir riskierten es trotzdem und stellten fest, dass es zwar einige schwierige Abschnitte gab, die Fahrt insgesamt aber weit weniger problematisch verlief, als wir befürchtet hatten.

In unserem Reiseführer wurde eine besonders schöne Wasserstelle – ein so genanntes Guelta – erwähnt, das wir unterwegs besuchen wollten. Wo es genau lag, beschrieb der Reiseführer zwar nicht, aber er nannte die GPS-Daten. Also tippten wir die Angaben in unsere Navigationsgeräte ein. Auf diese Weise erfuhren wir immerhin, in welche Richtung wir fahren mussten.

Etwa anderthalb Stunden lang kämpften wir uns durch das Gebirge. Schon näherten wir uns langsam wieder der Ebene am Fuß der Berge, als uns weiträumig von links ein Toyota überholte. Wir konnten ihn noch einige Zeit verfolgen und sahen, wie er ein Stück weiter unsere Piste verließ und in westlicher Richtung abbog.

Toni, der wie immer vorausfuhr, meldete sich über Funk: »Wenn wir denen nachfahren, kommen wir wahrscheinlich direkt zum Guelta! Da drüben gibt es offensichtlich auch eine Piste!«

Tatsächlich erreichten wir eine halbe Stunde später die mit üppigem Grün gesäumte Wasserstelle. Sie maß in der Länge sicher gut hundert Meter und in der Breite etwa zehn Meter. Erst dort stellten wir fest, dass der Wagen, dem wir nachgefahren waren, dem Filmteam gehörte. Als wir eintrafen, war es bereits wieder bei der Arbeit.

Die Sonne hatte den Zenit schon überschritten, und wir wollten unbedingt rasten und etwas essen. Leider hatte sich das Filmteam mit seinem Fahrzeug an der schönsten Stelle platziert. Wir mussten also mit der zweitschönsten vorlieb nehmen und begannen unsere Vorbereitungen fürs Mittagessen in gebotenem Abstand zu den Männern. Wahrscheinlich filmten sie uns noch dabei, dann räumten sie ihr Gerät wieder in den Wagen und fuhren mit einem Handgruß davon.

Das Fahrzeug und seine Insassen sind uns danach nie mehr begegnet. Aber den hünenhaften Mann, den wir als Boss bezeichneten, habe ich Monate später, als ich bereits wieder in Deutschland war, auf einer französischen Website als Mitglied des algerischen Geheimdienstes wiedererkannt.

◆ ◆ ◆

Das Guelta, das wir nun verließen, lag in ungefähr tausend Meter Höhe, sodass die Piste noch einige Stunden sanft abwärts verlief, bis wir wieder die Ebene erreichten. Wir passierten die Ortschaften Hirhafok und Ideles, kleine Dörfer, in denen nicht mehr als zwei- oder dreihundert Menschen leben. Wir sahen dort weder einen Laden noch eine Tankstelle – nur Kinder, die sich im Freien aufhielten.

Ideles lag schon 30 Kilometer hinter uns, als wir einen kleinen Jungen und eine Frau mit einem Esel von Osten her auf die Piste zukommen sahen. Wie immer in solchen Situationen fragte ich mich automatisch: ›Wo kommt die Frau her, und wo will sie hin?‹

In der Wüste geschieht es immer wieder, dass man weit entfernt von jeglicher menschlichen Ansiedlung solche Gestalten sieht. Sie ziehen unbeirrt durch diese unwirtliche Gegend, als ob sie ein Ziel hätten, das Vorbeifahrende weder erraten noch erfragen können …

Es war bereits Nachmittag, als wir rechts von der Piste eine lang gestreckte Oase erblickten, in die wir abbogen, um einen Platz für unser Nachtlager zu suchen. Wir fuhren drei Kilometer weit durch die mit Bäumen und Büschen bewachsene Senke, ohne auch nur ein Haus oder einen Menschen zu entdecken.

Wir würden dort Schatten finden, und da man uns von der Piste aus auch nicht sehen konnte, bot dieser Platz mit seinem sandigen Untergrund ideale Bedingungen zum Ausspannen.

Zu unseren Ritualen gehörte es, sobald die Tische und Stühle aufgestellt waren, erst einmal ein Bier zu trinken. Der Kühlschrank, mit dem jedes Fahrzeug ausgerüstet war, gehörte also zu den wichtigsten Geräten – unsere reichlichen Vorräte an Dosenbier mussten ja gekühlt werden. Damals hätte sich keiner von uns vorstellen können, dass man sich ohne Bier in der Wüste aufhalten kann.

Nach dem ersten Bier begannen wir mit der Überprüfung der Fahrzeuge – Ölstand und Reifendruck messen –, dann ging es an die Zubereitung des Essens. An diesem Abend aß ich Bratkartoffeln, die Reno und ich in großen Mengen, eingeschweißt in Plastikfolie, aus Deutschland mitgebracht hatten.

Als wir plötzlich Motorengeräusche hörten, zuckten wir zusammen. Von der kleinen Anhöhe aus, hinter der wir kampierten, beobachteten wir vier Fahrzeuge, die etwa hundert Meter von unserem Lagerplatz entfernt anhielten. Es handelte sich um an die 20 Touristen, die in Mietwagen unterwegs waren und nun ebenfalls ein Nachtlager aufschlugen. Da die Männer und Frauen uns bislang noch nicht bemerkt hatten, beschlossen wir, es dabei zu belassen, und ließen uns wieder auf unseren Stühlen nieder.

Ein weiteres Bier war fällig, und anschließend saßen wir bis lange nach Einbruch der Dunkelheit im Freien und starrten in den funkelnden Sternenhimmel, dessen dunkel schimmernde Pracht mir in dieser Nacht noch überwältigender erschien als zuvor.

Nur Reno hatte sich bereits um neun Uhr schlafen gelegt. Er war ja auch immer der Erste, der bei Sonnenaufgang aufstand und einen Spaziergang machte, bis ich den Kaffee gekocht hatte.

An diesem Morgen gab es keine Verzögerungen, sodass wir bereits gegen halb acht startbereit waren. Als wir am Nachtlager der Touristen vorbeifuhren, blickten wir in erstaunte Gesichter, denn sie hatten uns bis zu diesem Zeitpunkt tatsächlich nicht bemerkt.

Wir wussten: An diesem Tag würden wir die so genannten Schlüssellochgräber passieren. Sie gehören noch nicht zu der weiter nördlich liegenden Gräberpiste, sollten aber einen Vorgeschmack auf die kommenden Attraktionen geben. Wir verließen die nach Osten abbiegende Hauptpiste, um geradewegs nach Norden weiterzufahren. Hier passierten wir einen größeren Abschnitt reiner Sandwüste, durch die sich immer wieder bis zu hundert Meter hohe Sanddünen zogen.

Ein ums andere Mal mussten wir anhalten, um das Gelände zu Fuß zu erkunden – lagen hinter der Düne, vor der wir standen, weitere Dünen? Wo war die beste Stelle zum Durchfahren?

Ich konnte mich nicht satt sehen an den geschwungenen Schatten der Dünenkämme, die der Sandwüste ihren unvergleichlichen Zauber verleihen. Dennoch war ich froh, als wir allmählich wieder in felsigere Regionen kamen.

Wir waren überrascht, dort rechts und links von der Piste kugelrunde Felsstücke zu sehen. Zum Teil maßen sie sicher annähernd drei Meter im Durchmesser. Als die Berge zu beiden Seiten wieder höher wurden, entdeckten wir endlich die ersten Schlüssellochgräber. Sie sollen noch aus vorislamischer Zeit stammen, und ihr Name ist aus ihrer eigentümlichen Form hergeleitet.

Häufig machten wir Halt, um das Gelände zu durchstreifen, und machten dabei gelegentlich interessante Funde. Besonders Reno hatte sich als Meister im Aufspüren ungewöhnlicher Gegenstände entpuppt. Während der gesamten Reise stieß er immer wieder auf Scherben, Speerspitzen und Gefäße, die wir anderen übersehen hätten.

Auch an jenem Tag war er fündig geworden und brachte von einem längeren Spaziergang ein großes hölzernes Gefäß mit, dem der Boden fehlte.

Wir rätselten: War das ein Vorratsbehälter oder vielleicht das Gehäuse einer Trommel?

Während wir das Teil untersuchten, ohne zu einem Ergebnis zu kommen, machte Toni eine Entdeckung ganz anderer Art: Er hatte Renos Auto unter die Lupe genommen und nicht nur Risse in der Ladefläche entdeckt, sondern auch aufgeplatzte Schweißnähte. Lockere und fehlende Schrauben am Führerhaus machten die Katastrophe komplett.

Während Ingo und Toni sich mit Stützhölzern und Schrauben an eine notdürftige Reparatur der Schäden machten, beschlich mich ein ungutes Gefühl. Was, wenn Renos Wagen zusammenbrach, bevor wir wieder die Asphaltpiste erreichten? Festen Boden hatten wir erst weit hinter Bordj Omar Driss wieder zu erwarten, und bis dahin lagen noch gute 400 Kilometer quer durchs Gelände vor uns.

Da die Reparaturarbeiten einige Zeit in Anspruch nahmen, suchten wir uns anschließend in der Nähe einen Platz zum Übernachten. Beim Abendessen hielten wir Kriegsrat, welche Strecke für den nach wie vor nicht sicheren Pick-up am besten zu bewältigen wäre. Die anderen waren sich einig, dass Reno und ich zu jener Kreuzung zurückfahren sollten, an der die Hauptpiste nach Osten abknickte. Von dort aus waren es nur etwa 250 Kilometer bis zu jener Asphaltpiste, die uns auf dem Hinweg nach Djanet geführt hatte. Wenn wir bei Tanadanet in westliche Richtung abbiegen würden, könnten wir oberhalb von Bordj Omar Driss dann wieder auf die beiden anderen Fahrzeuge treffen, um gemeinsam den Heimweg anzutreten.

Ich gebe zu, der Plan war sinnvoll, aber trotzdem gefiel er mir nicht. Die Aussicht, mit Reno allein unterwegs zu sein, führte zu weiteren Fragen: Was, wenn wir mit dem Pick-up auch auf der Asphaltstraße Probleme bekämen, die wir allein nicht bewältigen könnten? In dieser Art redeten wir hin und her, bis Reno und ich am Ende beschlossen, lieber die unwegsame Strecke gemeinsam mit den anderen zu fahren als am Ende womöglich nur zu zweit im Schlamassel zu stecken.

Heute weiß ich, dass das eine folgenschwere Entscheidung war. Aber leider können wir Menschen weder vorhersehen noch verhindern, was in unserem Leben hinter der nächsten Biegung liegt.

◆ ◆ ◆

Es war uns klar, dass uns auch der nächste Tag mit einem beträchtlichen Hindernis konfrontieren würde. In etwa hundert Kilometer Entfernung lag ein enges Wadi, dessen hinterer Teil von einer hohen Sanddüne versperrt wurde.

Wir erreichten die gut 35 Meter hohe Düne gegen 14 Uhr und studierten sie zunächst ausgiebig vom Dünenkamm aus, bis wir uns einen Plan für ihre Überquerung zurechtgelegt hatten. Dann machten wir uns, bewaffnet mit vier Schaufeln, an die Arbeit. In der glühenden Hitze begannen wir, den scharfen, zackigen Dünenkamm genau an der Stelle abzutragen, von der aus wir auf der anderen Seite eine günstige, wenn auch steile Abfahrt haben würden. Länger als eine Stunde schaufelten wir Männer im Schweiße unseres Angesichts, gemeinsam mit Eva und Anke, die es sich nicht nehmen ließen, den heißen Sand mit bloßen Händen abwärts zu befördern. Nachdem wir ausreichend Sand abgetragen hatten, konnten wir die Überquerung riskieren. Ob alle Fahrzeuge es bis zum höchsten Punkt schaffen würden, war allerdings fraglich.

Tonis Toyota machte den Anfang und keuchte mit einem mächtigen Anlauf auf Anhieb bis zu jener abgeflachten Stelle, die wir vorbereitet hatten. Der Jubel war natürlich groß, und alle beglückwünschten diesen zähen und kundigen Bayern. Mit seinen 33 Jahren war er ohne Frage der beste Fahrer von uns allen.

Als Zweiter war Reno an der Reihe. Die ersten 50 Meter, auf denen die Düne eher sanft anstieg, schaffte er ebenfalls mit Bravour, aber im letzten Drittel, dort, wo sie steil wurde, riss es den Pick-up seitlich weg, und er blieb stecken. Ohne Sandbleche hätten wir keine Chance gehabt, das Fahrzeug wieder flott zu bekommen.

Ich war froh zu sehen, dass es an Renos Fahrkünsten nichts auszusetzen gab. Zu Beginn der Reise hatte sich herausgestellt, dass seine Wüstenerfahrung sich auf Asphaltpisten beschränkte. Nur Toni und ich wussten schon vorher, was es bedeutete, auf jenen Stein- und Sandpisten zu fahren, die für Kamele oft leichter zu bewältigen sind als für einen Geländewagen.

Fortbewegung in der Wüste ist eben zwangsläufig mit großen Anstrengungen verbunden. Mensch und Material sind maximal gefordert, und Sandbleche oder kleinere Autoreparaturen gehören zur Normalität.

Auf der anderen Seite fiel die Düne steil ab. In einer solchen Situation, im Flugsand, können die Räder auch des besten Geländewagens nicht greifen. Man kommt zwangsläufig ins Rutschen, und es erfordert höchste Konzentration vom Fahrer, den Wagen nicht festzufahren. Dennoch schafften es alle, unten anzukommen. Jeder wusste, dass wir eine echte Leistung vollbracht hatten – auch die, die nicht am Steuer saßen.

Klar, dass die Stimmung gut war. Endlich empfand ich auch Reno als einen Teil unserer Gruppe, so, wie es die ganze Zeit über hätte sein sollen. Er selbst war ebenfalls guter Dinge, denn er wusste, dass er einen wichtigen Beitrag geleistet hatte. Endlich war das Gemeinschaftsgefühl da!

Gegen halb fünf beschlossen wir, einen Schlafplatz zu suchen. So glücklich wir waren – körperlich waren wir reichlich erschöpft.

Da wir uns nicht zu weit von der Piste entfernen wollten, fuhren wir nur etwa einen Kilometer rechts ab und bereiteten dort das Nachtlager vor. Weil man uns von der Piste aus hätte sehen können, verzichteten wir diesmal auf ein Lagerfeuer und gingen früh zu Bett.

Beim Einschlafen dachte ich zuerst an Andrea. Dann fiel mir die Spinne ein, die wir nachmittags auf Tonis Vorderreifen entdeckt hatten. Ihr Körper hatte einen Durchmesser von annähernd zehn Zentimetern gehabt. Anke und ich fanden sie ziemlich gruselig.

Am nächsten Morgen waren wir zeitig wieder auf den Beinen und erreichten die Piste noch vor halb acht. Auf der rechten Seite gingen die Felsen in immer höhere Berge über, bis wir schließlich ganz vom Gebirge umschlossen waren. Das Tal, durch das wir uns bewegten, wurde immer enger. Und dann hielten plötzlich alle drei Autos, weil wir direkt neben der Piste einen Brunnen gesichtet hatten.

Offenbar gab es den Brunnen noch nicht lange – in die Umrandung war die Jahreszahl 2000 eingemeißelt. An einer Seite war die einladend aussehende Wasserstelle von Schilf umgeben, und ich hätte dort gern eine kleine Dusche genommen. Aber das Wasser, das wir mit einem unserer Eimer und einem Seil aus dem Brunnen zutage förderten, sah nicht Vertrauen erweckend aus. Jede Menge kleines Getier schwamm darin herum, sodass wir weder davon tranken noch uns damit waschen mochten.

Als das Tal sich wieder verbreiterte, machten Reno und ich noch einmal einen kurzen Stopp, um zu fotografieren. Beim Aussteigen bemerkte Reno ein schwarzes Paket, das halb unter seinem Wagen hervorschaute.

»Sieh mal, Harald, was ist das für ein Ding, das da liegt?«, fragte er erstaunt. Gemeinsam zogen wir das rechteckige Paket unter dem Auto hervor. Zwei Drähte ragten aus der Hülle.

»Ist das Dynamit?«, fragte ich Reno ratlos.

»Wenn wir hier in einem Actionfilm wären, dann wäre das Dynamit«, antwortete er.

Natürlich ließen wir das Ding liegen, wo wir es gefunden hatten, und fuhren schleunigst den anderen nach, die bereits dabei waren, einen Rastplatz fürs Mittagessen zu suchen.

Nachdem wir uns mit Brot, Wurst und Cola gestärkt hatten, stiegen wir wieder in die Autos. Reno und ich sprachen wenig während der Fahrt. Ich war nach dem Essen ziemlich müde geworden und hätte am liebsten geschlafen. Ich weiß nicht mehr, wie lange ich in einer Art Dämmerzustand die Landschaft betrachtete und meinen Gedanken nachhing. Schließlich schrak ich auf, weil Toni, der in einigen Minuten Abstand vor den anderen Wagen herfuhr, angehalten hatte.

»Was ist los?«

Toni deutete auf die Reifenspuren mehrerer Autos, die nach rechts abbogen, obwohl die Piste eigentlich geradeaus verlaufen sollte.

»Sollen wir den Spuren folgen oder uns nach dem GPS richten?«

»Das hatten wir doch schon öfter – ich meine, dass die Piste nicht genau so verläuft, wie sie sollte«, bemerkte Reno.

»Wozu haben wir die Geräte eigentlich, wenn wir uns nie danach richten?«, fragte Anke genervt.

Toni schien nicht recht zu wissen, welche Entscheidung er für sinnvoller hielt. Er trommelte nervös mit den Fingern auf die Kühlerhaube.

Schließlich gab Eva den Ausschlag gebenden Kommentar ab: »Letztendlich sind wir noch nie von der richtigen Richtung abgekommen, wenn wir den Spuren auf der Piste gefolgt sind!«

Alle außer Anke nickten.

Verdrossen entschied Toni: »Okay, wir fahren den Spuren nach. Wir merken ja, wenn wir zu weit von unserer Richtung abkommen.«

Also stiegen wir wieder in unsere Autos und folgten den Spuren, die rechts abknickten und dann in einem weiten Bogen nach links verliefen. Erwartungsgemäß meldete sich nach einigen Minuten das GPS und sandte den bekannten Warnton aus, den wir natürlich ignorierten.

Wir waren den Spuren im Sand gute zehn Minuten lang gefolgt, als zwei Felsen vor uns auftauchten, zwischen denen die Reifenabdrücke in einer weiten Linkskurve hindurchführten. Am Ende der Kurve sahen wir Dromedare, die an den Vorderfüßen gefesselt waren.

»Das heißt, dass Beduinen in der Nähe sind. Die laden uns vielleicht zu einem Tee ein«, bemerkte Reno erfreut.

Als wir uns der Kurve näherten, waren Tonis und Ingos Fahrzeuge bereits nicht mehr zu sehen.

Erst im letzten Moment realisierten wir, was uns hinter der Kurve erwartete.

KAPITEL 3

DER ÜBERFALL

21. März – 23. März

Träume ich oder bin ich wach?
Spielt sich das, was ich sehe und höre, nur in meinem Kopf ab?

In welcher virtuellen Realität bin ich unversehens gelandet?

Mit einem Ruck bleibt der Wagen stehen. An die 30 wilde Gestalten, bärtig, manche mit Kopftüchern oder Turbanen, springen laut schreiend hinter Büschen und Felsen hervor. Sie fuchteln mit Gewehren … nein, sie fuchteln nicht nur – sie schießen! Aber nur in die Luft. Mein Körper ist, soweit ich das feststellen kann, unversehrt.

Ihre Waffen erkenne ich sofort: Kalaschnikows und Schrotflinten. Die Maschinengewehre sind vom gleichen Typ wie jene, die wir als UNO-Soldaten im Sinai benutzt haben.

Sie zerren uns aus dem Auto, und wir heben automatisch die Arme. ›Wie im Film‹, schießt es mir durch den Kopf. Da stehen Ingo und Anke, bleich und verwirrt wie wir. Spüre ich irgendetwas? Grenzenlose Verwirrung hemmt meine Wahrnehmung, als hätte ich Watte im Kopf, die die Geräusche abdämpft und mein Blickfeld einengt.

Die Gestalten schreien: »*Jallah, jallah … al Qaida … Bin Laden …!*« Mit dem Wenigen, das ich verstehe, verbinde ich nichts Gutes.

Zwei der Männer sind in den Landrover von Ingo und Anke gesprungen, der nun mit aufheulendem Motor startet. Fluchend rasen die beiden einem Fahrzeug hinterher – Toni und Eva?

Langsam begreife ich, dass Toni, der als Erster in diese Falle hineingefahren ist, offensichtlich Gas gegeben hat, statt anzuhalten.

Es knallt. ›Mein Gott, die schießen auf Tonis Wagen!‹ Er hat einen kleinen Vorsprung, vielleicht hundert Meter. Ich kann nicht sehen, ob die Kugeln getroffen haben.

Wir vier werden hinter einen Busch gestoßen, wo wir uns flach hinlegen müssen. Anke schluchzt und schreit, Ingo versucht, sie zu beruhigen.

Ich sehen einen der Männer humpeln. Er macht ein grimmiges Gesicht und schaut uns wütend an. Dann deutet er auf seinen Fuß. Ich verstehe nicht und schaue zu Reno hinüber. Aber Reno hält das Gesicht auf den Boden gepresst und bekommt von all dem nichts mit.

Ich registriere, dass mir jegliches Zeitgefühl fehlt. Wie lange liegen wir schon hier? Wie lange schluchzt und schreit Anke? Wie lange sind Toni und Eva schon weg?

Dann schleppen sie Toni herbei. Sein Gesicht ist blutüberströmt, und er schreit: »Eva stirbt! Sie haben auf Eva geschossen!«

Weil Toni so laut schreit, schleppen sie ihn weiter, an eine Stelle, die ich aus meiner Position nicht sehen kann. Aber ich höre Toni immer noch:

»Arschlöcher!«, schreit er, »ihr verdammten Arschlöcher habt sie auf dem Gewissen! Lasst mich los, ihr dreckigen Schweine, ich will zu ihr!«

Und dann bringen sie Eva. Zwei bärtige, wüst aussehende Männer tragen ihren fülligen Körper und legen ihn vorsichtig in unserer Nähe ab. Sie legen sie auf den Bauch, und dann sehe ich die Wunde in ihrem Rücken, in der Gegend der Lendenwirbel.

Toni, den ich vorhin noch links hinter mir schreien hörte, ist plötzlich verstummt. Aber ich habe keinen Schuss gehört. Lebt er noch? Haben sie ihn nur zum Schweigen gebracht?

Zwischen den Bäumen werden Decken aufgehängt, offensichtlich um Eva vor den Blicken der anderen Männer zu schützen. Wir und Anke dagegen dürfen zusehen, was nun geschieht, denn die Decke hängt hinter uns.

Einer der Männer streift sich Latex-Handschuhe über, nähert sich Eva, legt die Wunde frei und untersucht sie eingehend. Als ich Eva stöhnen höre, atme ich erleichtert auf. Sie lebt also.

»Wenn sie sich die Mühe machen, Eva zu verarzten, dann haben sie offensichtlich nicht vor, uns umzubringen«, höre ich Reno sagen.

Wie schafft er das, so klar zu denken? Ich nicke nur, denn zu logischen Überlegungen bin ich momentan nicht fähig.

Der mit den Latex-Handschuhen hat eine Metallschale mit Arztbesteck, Tupfern, Mull und Spritzen neben sich abgestellt. Während er zwei Spritzen aufzieht, stupse ich Reno mit dem Ellenbogen an. »Frag ihn, ob er Arzt ist und was er da macht!«

Reno ist nämlich der Einzige von uns, der gut Französisch spricht.

Reno fragt. Der Mann antwortet ruhig, ohne Anzeichen von Ungeduld, und Reno übersetzt:

»Er sagt, er sei kein Arzt, aber er hat viel Erfahrung mit Schusswunden. Er hat Eva eine Spritze gegeben, die den Kreislauf stabilisiert, und eine andere gegen die Schmerzen.«

Ich sehe, wie der Mann mit einer Pinzette in der Schusswunde herumstochert.

»Frag ihn doch, ob er die Kugel sieht«, fordert Anke Reno auf.

Nach einer Weile übersetzt Reno: »Gleich neben der Einschusswunde ist ein zweites Loch, durch das die Kugel wieder ausgetreten ist. Er vermutet, dass das Geschoss am Rückgrat abgeprallt ist. Jedenfalls hat er keine Kugel gefunden.«

Die Watte in meinem Kopf weicht allmählich. Ich beginne wieder, klar zu denken, und mein Zeitgefühl kehrt zurück. Allerdings habe ich immer noch keine Ahnung, wie lange wir schon zwischen den Felsen kauern.

Das Einzige, was ich weiß, ist, dass es gegen 16 Uhr gewesen sein muss, als wir um die Kurve bogen.

Es ist noch hell. Als ich mich umdrehe, sehe ich, dass Toni höchstens fünf Meter hinter mir sitzt. Sie haben ihn an den Händen gefesselt. Er scheint sich ein wenig beruhigt zu haben. Immer noch klebt Blut an Stirn und Schläfen.

»Wer hat dich so zugerichtet?«, frage ich.

»Die haben mir eins mit dem Gewehrkolben übergezogen, weil ich … na ja, ich hab halt getobt wegen Eva.«

»Sag dem Quacksalber, dass er Eva ins Krankenhaus bringen muss! Die Kugel steckt immer noch drin, das weiß ich«, wendet er sich an Reno.

Wieder übersetzt Reno. Ich höre den Mann sagen: »*Here Mudschahidin hospital … best hospital for now!*«

Das muss Reno nicht übersetzen. Dieses Englisch verstehen wir alle.

Wir sehen, dass der Doc – wir haben ihn auch später nie anders genannt – Evas Wunde mit Honig behandelt. »Honig desinfiziert und heilt«, erklärt er, diesmal wieder auf Französisch, während er Eva einen Verband anlegt. Wiederum braucht Reno nicht zu übersetzen, denn auch das haben wir verstanden. Dann geht der Doc zu Toni und säubert seine Platzwunde an der Stirn.

Eva und Anke erhalten weiße Baumwolltücher, mit denen sie ihr Haar bedecken müssen. Sie nehmen die Tücher widerspruchslos entgegen und binden sie um den Kopf. Der Vorhang wird wieder entfernt.

Einer der Muftis, ein älterer Mann mit Turban kommt zu uns und sagt etwas, das klingt wie »*courage et patience*«. Sein Gesicht ist von vielen Falten durchzogen, und seine Augen blicken freundlich.

»Was heißt das?«, frage ich Reno, und er antwortet tonlos: »Mut und Geduld.«

»Soll das heißen, dass wir bald wieder frei sind?«, überlege ich laut.

»Kann schon sein«, murmelt Reno, »kann aber auch sein, dass es heißen soll, dass wir bloß kein Theater machen sollen, wenn sie uns umlegen.«

Als ich ihn entgeistert anstarre, beruhigt er mich sofort: »Das war ein Witz, Harald! Die Wahrheit ist, dass wir bislang keinen blassen Schimmer haben, was sie mit uns vorhaben. Das Beste ist also, wir üben uns in …«

»… Mut und Geduld«, ergänze ich. Der mit dem Turban nickt bestätigend, als habe er unser Gespräch verstanden.

Dann steht plötzlich der grimmige Hüne von vorhin neben ihm und deutet wieder auf seinen Fuß. Wir schauen ihn ratlos an. Er zeigt mit dem Gewehrkolben auf Toni und imitiert dabei ein Motorgeräusch. Wieder deutet er auf seinen Fuß, bis Toni, immer noch gefesselt, erklärt: »Als ich abhauen wollte, bin ich mit dem Vorderreifen über seinen Fuß gefahren.«

Anke kommentiert verdrossen: »Geschieht ihm recht.«

Da erst fällt mir auf, dass sie schon eine ganze Weile nicht mehr schluchzt.

Endlich kommt einer und löst Tonis Fesseln. Er blickt ihn drohend an, als ob er sagen wollte: Wenn du wieder Ärger machst, kannst du was erleben.

Aber Toni ist froh, die Fesseln los zu sein. Er geht zu Eva und streichelt sie. Sie fasst seine Hand und flüstert: »Ist schon okay. Aber vorhin, im Auto, da hab ich schon einen Tunnel gesehen – du weißt schon …«

Als ich das höre, dreht sich mir fast der Magen um. Hat der Doc Eva das Leben gerettet?

Jetzt steht einer der Männer mit einer Video-Kamera vor uns. Anscheinend sucht er eine günstige Perspektive, denn er geht hin und her, ohne dass die Kamera läuft, und blickt immer wieder prüfend durch den Sucher. Schließlich entscheidet er sich, uns schräg von oben im Vorbeigehen zu filmen. Ich blicke finster in die Kamera, während Reno den Kopf wegdreht und Ingo so aussieht, als ob er etwas sagen wollte. Anke schaut zornig, und Toni hält schützend die Hand vor Eva, die immer noch am Boden liegt.

Wer wird diese Aufnahmen zu Gesicht bekommen? Aus Filmen weiß ich, dass einer von uns nun eine Zeitung mit dem heutigen Datum ins Bild halten müsste. Aber so eine Zeitung scheinen sie nicht zu haben. Wer weiß, wie lange sie schon in der Wüste hocken und Überfälle wie diesen planen.

Plötzlich fallen mir die verschwundenen Motorradfahrer ein. Ob sie von derselben Bande gekidnappt wurden?

Erst jetzt wird mir klar, dass ich – dass wir alle – wahrscheinlich Geiseln sind und dass die bärtigen Typen, die uns seit Stunden in Schach halten, in unserer Sprache Geiselnehmer genannt werden. Oder Kidnapper.

›Werde ich meine Familie je wiedersehen?‹, frage ich mich, und ich fühle mich erbärmlich.

Entführung … In Krimis werden Menschen entführt, wenn Schurken von einer reichen Familie Geld erpressen wollen – Lösegeld. Aber wen wollen diese Männer erpressen? Unsere Familien sind nicht reich. Wir selbst auch nicht.

Erst jetzt scheint es einigen der Männer einzufallen, den Inhalt unserer Taschen zu untersuchen. Wir sollen alles, was wir bei uns tragen, auf den Boden legen. Während Reno und Ingo ihre Uhren und ihr Geld auf den Boden werfen, schaffe ich es, die Kette, die ich für Andrea gekauft habe, in den rechten Schuh zu stecken. Den Armreif stecke ich schnell Eva zu, die ihn sofort über ihr Handgelenk streift. Einer klopft Renos Jacken- und Hosentaschen ab und stößt auf eine Ausbeulung in einer Knietasche seiner Trekking-Hose. Als Reno einige Blatt Toilettenpapier zutage fördert, grinst der Mann. Er scheint zu wissen, wozu Ausländer diese Art Papier brauchen, und überlässt es ihm mit einer wegwerfenden Geste.

Hauptsächlich Brieftaschen, Geldscheine und Uhren liegen auf dem Boden. Die Muftis betrachten die Ausbeute prüfend, ehe sie sie zu jenem Mann bringen, der ihr Boss zu sein scheint – dem grimmigen Hünen, dem Toni über den Fuß gefahren ist.

Wir beobachten aus etwa 50 Meter Entfernung, wie sie ihm Geld und Wertsachen übergeben. Er wirft nur einen kurzen Blick darauf, ehe er alles in einem unserer Fahrzeuge verstaut.

Reno deutet auf seine rechte Knietasche und sagt: »Unter dem Klopapier ist noch ein Tausender.«

»Euro oder Dinar?«, fragt Ingo.

»Euro natürlich.«

»Na, Glückwunsch«, kommentiert Toni, »dann kannst du uns jetzt ja einen ausgeben!«

Ich bemerke, dass wir unwillkürlich begonnen haben, uns in die Situation zu fügen. Ein Stück weit haben wir unsere neue Realität bereits akzeptiert, obwohl wir nicht wissen, welche Bedingungen sie für uns bereithält. Aber das, was wir wissen, reicht aus, um uns irgendwie anzupassen.

Da liegt der freundliche Ältere und kotzt. Offenbar geht es ihm schlecht, jedenfalls gibt er Geräusche von sich, als ob sein Innerstes sich nach Außen kehrte. Er kotzt sich die Seele aus dem Leib, und mich beschleicht so etwas wie Mitgefühl. Auch die anderen blicken sorgenvoll.

Andererseits – was geht uns dieser Typ an? Könnte uns doch nur recht sein, wenn sie alle so hilflos am Boden lägen. Vielleicht könnten wir uns dann irgendwie aus dem Staub machen …

Aber es ist nur der eine, der Probleme mit seinem Magen hat. Die anderen stehen hilflos dabei und versuchen, ihm gut zuzureden. Das scheint nicht zu helfen.

Schließlich siegt das Mitleid, und Ingo sagt: »Cola! Gebt ihm Coca-Cola!«

Einer mit Turban versucht mir klar zu machen, dass sein Kumpel etwas Falsches gegessen hat. Mit Gesten imitiert er ein laufendes Tier. Fleischvergiftung also. Ingo bestätigt: »Coca-Cola!« und deutet auf unsere Fahrzeuge.

Da erst bemerken wir, dass die Entführer unsere Wagen komplett ausgeräumt haben. Soeben sind sie dabei, das Schlafabteil von Renos Pick-up abzumontieren, bis es unter Getöse von der Ladefläche gestoßen wird. Wozu soll das gut sein?

Einer findet tatsächlich die Cola in einem unserer Kühlschränke, und wiederum ein anderer beginnt, dem Kranken schluckweise das braune Zeug einzuflößen.

Wenig später wird das Würgen schwächer. Die Bärtigen werfen uns respektvolle Blicke zu.

›Na ja‹, denke ich, ›euer Doc kennt sich wohl nur mit Schusswunden aus. Aber irgendwie sind wir jetzt quitt‹, schießt es mir durch den Kopf.

Dann kommt einer in Begleitung des Doc und stellt die drei Medikamentenkisten aus unseren Fahrzeugen vor uns hin. Mit Gesten fordert er Reno auf zu erklären, gegen welche Krankheiten die einzelnen Medikamente wirken.

Reno gibt auf Französisch Auskunft, so gut er kann. Der Doc und der andere beschriften jede einzelne Schachtel auf Arabisch. Wahrscheinlich sind sie froh, auf diese Weise ihre Feldapotheke aufstocken zu können.

Auch für den kranken Alten, der nun entkräftet auf dem Boden liegt, findet sich ein Medikament, das ihn wohl wieder auf die Beine bringen wird.

Wir hören ein Motorengeräusch. Zwischen den Felsen taucht ein Iveco-Bus ohne Kennzeichen auf, in dem drei Muftis sitzen. Ich erinnere mich, sie schon bei dem Überfall gesehen zu haben. Aber keinem von uns ist aufgefallen, dass sie sich zwischenzeitlich entfernt haben.

Die Seitentüren des Fahrzeugs sind mit einer farbigen Folie beklebt, die eine Berglandschaft mit Sonne zeigt.

»Woher haben die das Auto?«, rätselt Toni laut.

»Vielleicht haben sie noch andere Leute gekidnappt«, entgegne ich. »Erinnert ihr euch nicht an die beiden Motorradfahrer, über die in Tamanrasset geredet wurde?«

Toni, der immer noch Evas Hand hält, runzelt die Stirn und zieht eine düstere Miene.

»Wenn ich nicht diesen blöden Fehler gemacht hätte, säßen wir jetzt nicht in der Scheiße! Ich mache mir Riesenvorwürfe, dass ich es war, der entschieden hat, den Autospuren nachzufahren ... ich Rindvieh!«

Ingo versucht ihn zu beruhigen. »Das ist doch Quatsch, wenn du dir jetzt die Schuld an allem gibst! Diese Entscheidung haben wir gemeinsam getroffen!«

Toni wehrt sämtliche Argumente ab und lädt weiterhin Schuld auf sich: »Wenn ich nicht diesen dämlichen Fluchtversuch unternommen hätte, dann wäre Eva jetzt besser dran. Das war einfach verantwortungslos!«

»Reno und ich haben das Dynamit auf der Piste liegen sehen und uns nichts dabei gedacht«, werfe ich ein. »Eigentlich hätten wir beide da schon gewarnt sein müssen.«

»Schluss mit den Selbstanklagen!«, unterbricht Reno energisch und verkündet dann – als alter Franke: »Jetzt isses halt, wie es is.«

Eva, die mit geschlossenen Augen auf einer Decke am Boden liegt, drückt sanft Tonis Hand.

Mein Blick fällt wieder auf den Iveco-Bus, der eine riesige Delle im Dach hat. Solche Dellen sieht man bei fast allen einheimischen Fahrzeugen – das Dach dient als Gepäckträger. In diesem Fall besteht die Last aus verschiedenen Teilen eines toten Dromedars, das die Muftis gerade unter Fluchen vom Autodach befördern.

Der freundliche Alte, der nun von kaltem Schweiß überströmt unter einem Akazienbusch sitzt, hat offensichtlich davon gegessen. Klar, dass die anderen das Fleisch nicht mehr anrühren wollen.

Vor den Autos liegen in wildem Durcheinander unser Gepäck und unsere Ausrüstung, die die Männer nun planlos wieder einpacken und irgendwie in unseren Fahrzeugen verstauen. Es scheint an den Aufbruch zu gehen.

Wir werden im hinteren Teil des Iveco-Busses untergebracht. Die gesamte Ladefläche ist mit Reifen und anderen Gegenständen bedeckt, über die eine Decke gebreitet ist. Wir sitzen nicht besonders bequem darauf. Eva atmet erleichtert auf, als einer der Männer ihr dort einen Platz zum Liegen bereitet.

Ich stelle mit Erstaunen fest, dass es immer noch hell ist. Erst als wir nach einer etwa einstündigen Fahrt in Richtung Osten wieder aussteigen dürfen, setzt die Dämmerung ein. Es muss jetzt also etwa acht Uhr abends sein.

Seit dem Überfall sind gerade einmal vier Stunden vergangen.

Toni und Eva dürfen im Iveco bleiben. Uns anderen werden Plätze unter einem Felsen zugewiesen – wohl damit man uns von oben nicht sehen kann.

Reno und ich sind unter einem schmalen Felsendach untergebracht, das gerade zwei Meter breit ist, Ingo und Anke unter einem anderen direkt daneben.

Die Muftis verschwinden hinter einem Felsen, wo wir sie nicht sehen können.

Da wir nicht wissen, ob wir unsere Deckung verlassen dürfen, bleiben wir erst mal hocken und warten ab.

Dann kommt einer und bringt uns unsere Schlafsäcke.

Reno fragt, ob wir zum Pinkeln ein Stück weggehen dürfen. Der Mann nickt und bedeutet uns, gleich wiederzukommen. Offensichtlich fühlen sie sich nicht sicher an diesem Ort.

Es gibt Essen – eine Art Suppe, in der undefinierbare Stücke herumschwimmen.

»Kamelfleisch?«, argwöhnt Anke und will nichts davon essen. Aber der Mufti signalisiert ihr, sie müsse unbedingt etwas zu sich nehmen.

»Sie haben Befehl, uns gut zu versorgen«, übersetzt Reno nach einem Wortwechsel mit dem Mann. »Wir werden gut behandelt werden und genügend zu essen bekommen. Dass Eva verletzt wurde, war nicht geplant. Es tut ihnen Leid, sagt er.«

Nun mischt sich Ingo ein: »Sag ihnen, dass es überflüssig war, so herumzuballern. Wir hätten sowieso angehalten. Alle Wüstenfahrer halten an, wenn ihnen Fremde begegnen.« Reno übersetzt und unterstreicht seine Worte mit vielen Gesten. »*Pas de bummbumm*«, sagt er und deutet auf das Gewehr seines Gesprächspartners. »*Vous comprenez: Nous touristes sommes des personnes tranquilles!*«

Der Mann nickt mit ernstem Gesicht und gibt uns zu verstehen, dass er unsere Ratschläge weitergeben wird.

◆ ◆ ◆

Mitten in der Nacht erwache ich von einem an- und abschwellenden Singsang. Durchdringende kehlige Laute wechseln ab mit leiserem Murmeln. Ich höre fasziniert zu, dann verstehe ich: Es ist das Morgengebet unserer islamischen Geiselnehmer. Ich ahne dunkel, dass ich diesen Gesang noch viele Male hören werde.

◆ ◆ ◆

Am Morgen erwache ich mit schmerzendem Rücken, denn ich bin nicht daran gewöhnt, auf hartem Boden zu schlafen.

Reno ist schon wach und lehnt an der Felswand. Von unseren Entführern ist keiner zu sehen.

Nach etwa einer Stunde – inzwischen sind auch Ingo und Anke aufgewacht – kommt der Mufti vom Vorabend und bringt das Frühstück: eine Art grauen Brei, der wie Grießbrei schmeckt und völlig ungewürzt ist.

Anke will schon wieder nichts essen, aber der Mann besteht darauf – wenn er zurückkommt, soll ihr Blechteller leer sein.

Wir alle reden auf Anke ein, dass sie essen muss, um die Strapazen, die womöglich noch auf uns zukommen, durchzustehen. Schließlich löffelt sie verbissen die Hälfte ihrer Portion in sich hinein. Den Rest isst Ingo, damit der Mann, der die Teller abholt, zufrieden ist.

Mittlerweile hat sich Toni zu uns gesetzt. »Eva hat die Nacht ganz gut überstanden«, berichtet er. Dann zieht er unter seinem Hemd ein rotes Büchlein hervor. »Ratet mal, was das ist.«

Wir beugen uns über das Buch, das zur Hälfte voll geschrieben ist. Die geschwungene Handschrift wirkt wie die einer Frau. Auf der ersten Seite steht ein Name: eine Frau, eine Deutsche, eine Österreicherin?

Toni sieht uns bedeutungsvoll an. »Die haben nicht nur die zwei Motorradfahrer, sondern noch weitere Touristen geschnappt!«

Wir wechseln betroffene Blicke. »Offensichtlich wird diese Gruppe an einem anderen Ort gefangen gehalten«, kombiniert Reno. »Sag mal, Toni, was liegt denn sonst noch so in dem Iveco?«

»Ähnliche Sachen, wie wir sie auch im Auto haben. Das ist ein Touristenfahrzeug und kein einheimisches, so viel steht fest!«

Aus der Ferne hören wir, dass Ingos Landrover gestartet wird, und sehen ihn schließlich unterhalb des Felsens entlang fahren, bis er aus unserem Blickfeld verschwindet. Ich zähle nach und stelle fest, dass etwa sieben unserer Kidnapper in dem Fahrzeug sitzen müssen.

Dann kommen drei der Entführer und stellen all unsere Vorratskisten vor uns hin. Sie wollen wissen, was für Lebensmittel das sind, vor allem aber, ob sie Schweinefleisch enthalten. Damit wir möglichst viel selbst essen können, behaupten wir selbst von eingeschweißten Bratkartoffeln, Keksen und Spagettisoßen, dass sie Fleisch oder zumindest Fett vom Schwein enthalten. Wir sehen, dass die Muftis an unseren Erklärungen zweifeln.

Unsere gesamten Alkohol- und Zigarettenvorräte haben sie bereits am Vortag vernichtet, erklären sie Reno, der seit mittlerweile 18 Stunden nicht mehr geraucht hat. Nun legt er seinen ganzen Elan in den Versuch, die drei davon zu überzeugen, dass er seine Nikotinkaugummis wiederhaben muss.

Eins muss man Reno lassen: Wenn er sich etwas in den Kopf gesetzt hat, schafft er es meistens, sich durchzusetzen – vor allem wenn seine ureigensten Interessen berührt sind. Nach einem langen Wortwechsel, in den sogar der Doc eingeschaltet wird, erhält Reno seine Kaugummis zurück.

Ich für meinen Teil hätte statt eines Kaugummis lieber eine Zigarette gehabt … und dazu ein kühles Bier … und zum Mittagessen ein Wiener Schnitzel …

Erst jetzt bemerke ich, dass ich laut vor mich hin fantasiert habe.

Anke winkt ab, als wolle sie sagen: Wie kann man jetzt nur ans Essen denken! Aber Reno macht sofort mit: »Kartoffelsuppe mit Sauerampfer«, übertrumpft er mich, »und dann Entenbrust auf steyerischem Salat, und dann …«

»Hör auf!«, bremse ich ihn. »Ich bin doch schon vom Wiener Schnitzel satt!«

»Wie wär's zum Schluss mit einem Calvados? Oder lieber einen Obstler?«

Unsere Kidnapper verstehen kein Wort und schauen uns fragend an.

»Ich möchte eine Zigarette!«, sage ich auf Deutsch, aber sie winken ab und deuten gen Himmel. Das soll wohl heißen, dass Allah jeden Raucher sieht. Oder dass unsere Zigarettenvorräte dorthin gewandert sind.

Nachdem die Vorräte beschriftet und auseinandersortiert sind, wird es uns langweilig. Die Sonne steigt erbarmungslos höher, und wir suchen Zuflucht unter dem Felsdach. Unsere Entführer scheinen mit der Bewachung immer lässiger zu werden: Wir können uns innerhalb eines Radius von zehn Metern frei bewegen.

Anke und Ingo haben auf dem staubigen Boden ein Mühle-Spielfeld aufgezeichnet. Als Spielsteine benutzen sie helle und dunkle Kiesel. Danach spielen wir gemeinsam Stadt, Land, Fluss.

Wir haben uns so hingesetzt, dass wir die nur von kleineren Felsen durchsetzte Ebene unterhalb der Anhöhe, auf der wir uns befinden, im Blick haben.

Links in meinem Blickfeld taucht ein Autokonvoi auf, der in nordöstlicher Richtung unterwegs ist. Ich schaue mich nach unseren Bewachern um, die die fünf Fahrzeuge ebenfalls gesehen haben müssen. Sie nicken einander zu, rühren sich aber vorerst nicht vom Fleck.

»Hoffentlich fahren sie vorbei«, raune ich Toni zu, »sonst blüht ihnen dasselbe wie uns!«

Toni nickt stumm. Wir starren gebannt auf die Fahrzeuge, während zunächst das erste und dann alle weiteren in einer weiten Kurve zu unserem Lager abbiegen. Erst als sie näher kommen, sehe ich, dass das fünfte Auto unser Landrover ist.

Es dauert noch einige Minuten, bis die fünf Fahrzeuge unseren Lagerplatz erreichen. Der Konvoi stoppt nur einige Meter von uns entfernt. Aus nächster Nähe beobachten wir, wie die Türen sich öffnen und acht Touristen sowie sieben Muftis aussteigen. ›Man könnte sie glatt für eine Reisegruppe halten, die am Ferienziel angelangt ist‹, schießt es mir durch den Kopf.

Die Touristen sind damit beschäftigt, ihr Gepäck aus den Wagen zu kramen und dann zu sortieren, wem was gehört. Die Entführer lassen sie gewähren, händigen den Frauen sofort weiße Kopftücher aus und deuten schließlich in unsere Richtung.

Toni zeigt auf die Nummernschilder der Autos, und als waschechter Bayer kann er sich natürlich nicht zurückhalten: »Ösis! Jetzt können wir uns auf was gefasst machen!«

Schwer bepackt kommen zwei Frauen und sechs Männer auf uns zu. »Hallo!«, grüßen sie, und wir erwidern: »Servus.«

Ich finde das Benehmen der acht reichlich cool – sie lassen kaum Anzeichen eines Schocks über ihre Gefangennahme erkennen. Nur eine der Frauen weint lautlos. Haben diese Leute überhaupt begriffen, in welche Lage sie geraten sind?

Es dauert eine geraume Weile, bis wir uns gegenseitig vorgestellt haben. Da ist zunächst einmal der über 60-jährige Gerd Bachmann, der mit seiner Tochter Leni unterwegs ist, und Horst Abendroth mit seinem Sohn Christian. Dann ein Ehepaar, Doris und Ernst Riedel, und schließlich der einarmige Andi Hagen sowie sein Beifahrer, der sich uns ganz offiziell als Dr. Heinz Stanglmeier vorstellt. Letzterer ist mit seinen 68 Jahren der Älteste unserer mittlerweile 14 Personen starken Gruppe. Die Jüngsten sind die 25-jährige Anke und Christian, der ebenfalls demnächst 25 wird.

Zunächst gibt es viel zu berichten, vor allem über ihre und unsere Gefangennahme. Bei den Neuankömmlingen ist alles vergleichsweise undramatisch verlaufen, denn die Kidnapper haben unsere Ratschläge gleich in die Tat umgesetzt: ›*Tranquille*!‹ Sie haben abgewartet, bis die vier Fahrzeuge vor ihrem Landrover stoppten, sind dann erst ausgestiegen und haben die Gruppe ohne großes Geschrei mit ihren Waffen in Schach gehalten, bis alle begriffen, dass sie wieder in ihre Autos einsteigen sollten – allerdings nun jeweils mit einem Mufti am Steuer.

»Wie lange wird das hier wohl dauern?«, fragt Gerd Bachmann. »Meine Tochter möchte nämlich auf gar keinen Fall ihren Arbeitsplatz verlieren!«

›O Mann, der hat ja noch gar nichts kapiert!‹, stöhne ich innerlich. Auch seine Landsleute finden solche Sorgen ziemlich befremdlich. Viel eher interessieren sie sich dafür, wie die Lebensmittel aufgeteilt werden, die sie in ihrem Gepäck haben.

Horst Abendroth schlägt vor: »Alles wird gemeinsam verwaltet und gerecht unter allen aufgeteilt!«

Alle scheinen einverstanden zu sein – jedenfalls macht niemand einen Gegenvorschlag, und ich sehe beifälliges Nicken. Dann höre ich, wie Bachmann seiner Tochter zuraunt: »Leni, sieh zu, dass du das meiste versteckst. Wir brauchen einen Extra-Vorrat!«

So etwas kann man einfach nicht kommentieren. Immer wieder frage ich mich von diesem Moment an, was für Prägungen bewirken, dass Menschen so werden wie beispielsweise diese beiden. Aber später wird es noch andere geben, über die ich mir den Kopf zerbreche.

◆ ◆ ◆

Dass acht weitere Personen zu unserer sechsköpfigen Gruppe gestoßen sind, gibt mir ein gewisses Gefühl der Sicherheit, obwohl ich mir nicht erklären kann, warum. Noch habe ich die meisten Personen dieser neuen Gruppe in meinem Kopf nicht als Individuen registriert. Sie bilden irgendwie eine Einheit, die unsere Einheit verstärkt.

Sind wir jetzt komplett? Wie viele Pfänder brauchen die Entführer, um an ihr Ziel zu gelangen? Vor allem aber: Welches Ziel verfolgen sie?

Wir vermuten, dass unsere Gefangennahme mit dem gestrigen Beginn des zweiten Golfkriegs gegen den Irak zu tun hat – eine Demütigung der arabischen Welt, die nach Rache an der westlichen Zivilisation schreit. Vor allem Horst Abendroth, der den Kriegsbeginn im Radio mitverfolgt hat, spekuliert in diese Richtung.

Aber unsere Bewacher weisen das weit von sich und machen uns klar: Mit Sadam Hussein verbindet sie gar nichts. Der Krieg der Amerikaner gegen den Irak ist eine gute Sache, die mit der ihren allerdings nichts zu tun hat. Sie kämpfen gegen die Unterjochung des algerischen Volkes durch die Militärregierung und für einen traditionellen islamischen Gottesstaat.

»Wozu braucht ihr denn uns?«, fragt Reno betont harmlos, und wir erfahren, dass es um Geld geht, mit dem der bewaffnete Kampf gegen die Militärregierung finanziert werden soll.

Wir alle sind sehr viel Geld wert, sagen sie.

»Wie viel?«, will ich wissen.

Reno zuckt die Schultern. »So viel, wie unsere Regierung eben für uns rausrückt!«

»Unsere Regierung lässt sich aber nicht erpressen, heißt es.«

»Das ist das Dumme daran …«, murmelt er und stapft missmutig davon.

Nachdem wir abends zum zweiten Mal von den Vorräten der Österreicher essen, fällt mir auf, dass diese acht offenbar keinen Anlass sehen, die Lebensmittel einzuteilen. Sie vertilgen mit reichlich Appetit große Mengen, während wir anderen sechs uns zurückhalten, weil wir nicht wissen, wie lange die Vorräte reichen müssen.

»Jallah, jallah!«

In der Dämmerung drängen die Muftis plötzlich zum Aufbruch. Alles, was herumliegt, wird auf die vorhandenen Fahrzeuge verteilt – acht insgesamt –, nur Renos Pick-up bleibt allein den Entführern vorbehalten. Die Ladefläche ist voller Gepäck, über das sie eine Plane gezurrt haben. Nur an einer Stelle haben sie Platz gelassen, um ein Maschinengewehr zu postieren. Es ist auf einem schwenkbaren Stativ befestigt, sodass der Pick-up nun aussieht wie ein Kriegsfahrzeug.

Ich bin froh, dass wir sechs wie zuvor im hinteren Teil des Iveco platziert werden. Auf dem Rücksitz hinter dem Fahrer sitzen nun allerdings außerdem noch die beiden Abendroths und Leni Bachmann.

◆ ◆ ◆

Allmählich haben wir uns daran gewöhnt, nicht zu wissen, wohin die Fahrt geht und wie lange sie dauern wird. Aber die drei auf der Rückbank denken offensichtlich, wir wüssten mehr als sie. Wir versichern ihnen, dass wir ebenso wenig Ahnung haben.

Ohne Scheinwerfer rollt der Konvoi, in dessen Mitte wir uns wahrscheinlich befinden, die kleine Anhöhe hinunter und dann weiter durch die Ebene – bei einer Sichtweite, die mir selbst für einen Fußmarsch problematisch erschienen wäre.

Da wir fast ausschließlich steiniges Gelände passieren, haben wir, die wir im hinteren Teil des Wagens sitzen, große Mühe, unsere Sitzposition zu halten – wir rutschen immer wieder in die Mitte der bepackten Fläche. Schließlich kommen wir auf die Idee, uns aus herumliegenden Tüchern und Seilen Griffe zu basteln, die wir an den Seitenwänden befestigen. Auch Eva, die immer noch liegt, wird mächtig durchgeschüttelt und stöhnt gelegentlich auf.

So geht es etwa zweieinhalb Stunden lang. Dann halten wir und sehen, dass die anderen Fahrzeuge ebenfalls zum Stehen gekommen sind. Unter den Bärtigen herrscht Unruhe. Sie sind ausgestiegen und starren alle in eine Richtung. Gleich darauf sehen auch wir aus dem Wagenfenster einen schwachen Lichtschein – wie weit entfernt, ist schwer zu bestimmen.

Plötzliches Türenschlagen ist für uns das Signal, dass die Fahrt weitergeht, offensichtlich genau in die Richtung des Lichts, dem wir uns nun rasch nähern.

Wir fahren immer noch ohne Schweinwerfer, aber diesmal noch schneller als zuvor. Als unser Fahrzeug abrupt anhält, erkennen wir, was für ein Licht wir da aus der Ferne gesichtet haben: Nicht mehr als drei Meter vor uns stehen zwei Männer bei einem Campingkocher, hinter ihnen ein Geländewagen mit eingeschalteter Innenbeleuchtung. In einem Topf kochen Spagetti, auf einem Campingtisch stehen Teller bereit, das Besteck liegt daneben.

Fast gleichzeitig stürzen sämtliche Entführer aus ihren Fahrzeugen, die Maschinengewehre im Anschlag, und fordern die beiden mit Gesten auf, ihre Sachen ins Fahrzeug zu packen, in dem sich bereits ein Motorrad befindet.

Ich bin mir fast sicher, dass die zwei das Herannahen unserer Fahrzeuge überhaupt nicht bemerkt haben – womöglich weil wir uns bei Gegenwind genähert haben. Ihre Gesichter zeigen Schreck und Überraschung gleichermaßen, als ihnen klar wird, dass sie mitten in der Nacht von acht wie aus dem Nichts aufgetauchten Fahrzeugen umringt sind.

Widerstandslos sehen sie zu, wie einer der Muftis ihre Spagetti auf den Boden kippt, und steigen ohne ein Wort auf den Rücksitz ihres Autos. Bevor einer der Entführer sich ans Steuer setzt, reicht er uns mehrere Plastikflaschen mit Wasser durchs Fenster.

Ich danke ihm im Stillen, dass für uns ein Teil der Beute abgefallen ist.

NÄCHTLICHE FAHRTEN

23. März – 29. März

Erst am frühen Nachmittag war unsere Gruppe um acht Geiseln vergrößert worden, und nun, noch vor Mitternacht desselben Tages, waren – gewissermaßen im Vorbeifahren – wieder zwei Personen hinzugekommen.

Wer die beiden waren, erfuhren wir neun im Iveco zunächst nicht, denn die Sitzordnung blieb die gleiche wie vor dem Überfall. Nur während einer kurzen Pause, die wir gegen Mitternacht einlegten, hatte ich Gelegenheit, einen raschen Blick auf die beiden Männer zu werfen. Sie standen schweigend wie wir vor dem Auto herum. Der Schock über ihr Blitz-Kidnapping stand ihnen immer noch im Gesicht geschrieben.

Auf der Weiterfahrt versuchten wir, uns am Polarstern zu orientieren, um feststellen, in welche Richtung wir fuhren. Übereinstimmend kamen wir zu dem Schluss, dass wir nach Nordwesten unterwegs waren – was sich im Nachhinein auch als richtig erwies.

Von den drei Personen auf der Rückbank des Iveco interessierte mich Horst Abendroth am meisten. Dieser grauhaarige, große Mann machte einen reiseerfahrenen, souveränen Eindruck und stellte sich uns als ehemaliger Unternehmer vor, der mittlerweile als eine Art Patentanwalt tätig war.

Unser bärtiger Chauffeur und sein Beifahrer verstanden kein Wort unserer Sprache, sodass wir uns ungestört im Auto unterhalten konnten, sofern wir nicht damit beschäftigt waren, uns an den improvisierten Haltegriffen festzuklammern. Die meisten der Gotteskrieger waren keine guten und schon gar keine geübten Fahrer und muteten deshalb nicht nur uns, sondern auch ihren Kumpanen und den Fahrzeugen weit mehr zu, als aus unserer Sicht nötig gewesen wäre. Wie wir erst später erfuhren, waren sie ohnehin keine Söhne der Wüste, sondern kamen zum größten Teil aus Nordalgerien, wo sowohl der politische als auch der bewaffnete Kampf verschiedener islamistischer Gruppen gegen das Militärregime beheimatet ist.

In dieser Nacht, in der unsere Entführer offensichtlich kein Nachtlager für sich und uns aufschlagen wollten, machte uns Horst Abendroth auf Handgranaten aufmerksam, die in den Westentaschen des Fahrers und des Beifahrers steckten. Vom Rücksitz aus waren die beiden über die Rücklehnen der Vordersitze gehängten Westen und ihr Inhalt kaum zu übersehen.

Horst verkündete überzeugt: »Es wäre ein Leichtes, sich die Dinger zu schnappen und sie zu überwältigen!«

Wir sechs im hinteren Teil des Fahrzeugs schätzten die Chancen für das Gelingen einer solchen Aktion indessen nicht besonders hoch ein.

»Handgranaten muss man aus größerer Entfernung werfen, wenn man nicht selbst dabei draufgehen will«, widersprach Toni.

»Ohne ein Fahrzeug kämen wir sowieso nicht weit«, wandte Anke ein, und Reno ergänzte: »Ohne Wasservorräte wäre das Irrsinn!«

Ich wunderte mich ein wenig, dass ein Mann wie Abendroth Ideen für eine Flucht ausheckte, während wir anderen, die wir bereits einen Tag länger in der Gewalt der Entführer waren, noch keinen ernsthaften Gedanken daran verschwendet hatten. Waren wir bedachtsamer als er oder nur feige?

Gegen drei Uhr nachts gab es erneut einen Stopp, denn Fahrer und Beifahrer waren erschöpft. Da wir streckenweise wieder ohne Licht fuhren, war es nicht leicht, in dem unwegsamen, steinigen und vor allem unebenen Gelände Anschluss an die anderen Fahrzeuge zu halten.

Meiner Schätzung nach fuhren wir in jenen Nächten und Tagen, in denen kein Lager aufgeschlagen wurde, höchstens 50 Kilometer in 24 Stunden. Es ist auch nicht ausgeschlossen, dass wir im Kreis fuhren, da die Gotteskrieger das Gelände kaum besser zu kennen schienen als wir.

»Kann denn keiner diesen Deppen mal das Steuer aus der Hand nehmen?«, grummelte Gerd Bachmann, nachdem wir ausgestiegen waren, um unsere steifen Gliedmaßen zu strecken und zu dehnen.

»Warum tust du's nicht selbst?«, entgegnete Hubert Manner. Er war einer der beiden Tiroler, die sich vor ein paar Stunden unfreiwillig unserer Gruppe angeschlossen hatten. Es war das erste Mal, dass er von sich aus das Wort ergriff.

Als Bachmann sich schimpfend entfernte, grinsten wir uns an.

Wir sahen, dass Leni hinter ihm her rannte. Sie benahm sich manchmal wirklich, als sei sie völlig von ihm abhängig und nicht in der Lage, selbst mal eine Entscheidung zu treffen oder ohne seine Anweisung etwas richtig zu machen. Dabei hatten wir doch ohnehin kaum Spielraum für eigene Entscheidungen und Handlungen. Lenis Verhalten kam mir darum – auch in Anbetracht ihres Alters – zum Teil fast kindlich vor.

Thomas Bär, der zweite Tiroler, der wie Hubert durch den nächtlichen Überfall um eine Spagetti-Mahlzeit gebracht worden war, stellte sich neben uns und aß eine Hand voll Kekse, die einer der Entführer ihm zugesteckt hatte.

Als ich die Kekse sah, bekam ich ebenfalls Hunger und ging zurück zum Iveco, um entweder von den Österreichern oder vom Fahrer etwas zu essen zu ergattern.

Horst und Reno lehnten mit verschränkten Armen am Fahrzeug und warfen mir bedeutungsvolle Blicke zu. Als ich einen fragenden Blick zurückgab, deutete Reno mit dem Ellenbogen in Richtung Fahrer- und Beifahrersitz. Dort schliefen unsere Entführer mit offenem Mund, und als ich mich nach den anderen Fahrzeugen umblickte, war draußen niemand mehr zu sehen. Waren die übrigen Gotteskrieger ebenfalls eingeschlafen?

Toni streckte den Kopf zur Tür heraus und brummte: »Allerhand … ich dachte, wir hätten es mit Profis zu tun! Wer bewacht uns denn jetzt?«

Auch ich war der Meinung, eine lückenlose Bewachung sei ja wohl das Mindeste, worauf wir als Entführungsopfer Anspruch hätten.

Horst dachte schon wieder an Flucht.

»Jetzt wäre es leicht, die beiden zu überwältigen! Wir sind immerhin sechs Männer und können uns die Maschinengewehre greifen, ehe sie wach werden!«

Ich gab zu bedenken, dass sich womöglich in einiger Entfernung Wachen postiert hatten. In der undurchdringlichen Dunkelheit konnten wir nicht sehen, ob das der Fall war.

Reno hielt die ganze Diskussion für abwegig. »Ich hab keine Lust, für so einen Unsinn mein Leben aufs Spiel zu setzen!«

»Unsere Chancen stünden fast gleich null«, urteilte auch Toni. »Immerhin müssten wir gegen 25 Gotteskrieger antreten. Die alle zu erledigen, ohne dass einem von uns was passiert, ist ein Ding der Unmöglichkeit! Wir können noch nicht mal mit Sicherheit sagen, ob sie im Moment alle schlafen!«

»Wieso sind es nur noch 25?«, fragte Anke erstaunt.

»Ungefähr sechs sind an unserem letzten Lagerplatz zurückgeblieben – hast du das nicht bemerkt?«

Ich musste mir eingestehen, dass auch ich nicht nachgezählt hatte, ob alle, die an dem Überfall auf uns beteiligt waren, mit uns diese lange Fahrt nach irgendwo angetreten hatten. Solange sie in der Überzahl waren, kümmerte es mich nicht besonders, wenn der eine oder andere zurückblieb, um anderen Aufgaben nachzugehen.

Allerdings hatte ich registriert, dass der Boss der Truppe – jener Hüne, dem Toni über den Fuß gefahren war und der von seinen Leuten ›Emir‹ genannt wurde – in der Vorhut unseres Konvois fuhr. Gemeinsam mit dem Mann, den wir als den Doc bezeichneten, lenkte er den grünen Toyota von Horst Abendroth. Da das Fahrzeug sich meistens außerhalb unserer Sicht bewegte, konnten wir nicht sagen, ob die beiden zwischenzeitlich abzweigten oder nur weit vorausfuhren, um das Gelände zu erkunden.

Mittlerweile waren wir uns sicher, dass es eine zweite Gruppe von Geiselnehmern und Entführten geben musste, mit der unsere Entführer Verbindung hielten. Auf welchem Weg das geschah, wussten wir zu diesem Zeitpunkt allerdings nicht.

In jener Nacht, in der unsere Bewachung dem Ruhebedürfnis der strapazierten Gotteskrieger geopfert wurde, fanden wir selbst keine Minute Schlaf, sondern dösten nur vor uns hin. Untätig warteten wir, bis die bärtige Truppe nach etwa zwei Stunden wieder erwachte und auf das Kommando des Emirs hin erneut die Motoren aufheulen ließ.

Obwohl ich nicht wusste, wohin die Fahrt ging, war ich froh, dass wir wieder in Bewegung waren.

Seit unserer Diskussion über die Chancen eines Fluchtversuchs fing ich an zu begreifen, wie hoffnungslos unsere Lage war. Selbst wenn unsere Entführer sich keinerlei Mühe mehr gegeben hätten, uns zu bewachen, hätten wir nicht davonlaufen können – nicht in dieser entlegenen Gegend, auf die die Sonne so unerbittlich niederbrannte. Unsere Körper hätten vielleicht Nahrung entbehren können, nicht aber Wasser. Mir wurde klar, dass es in meinem Leben noch keine vergleichbare Situation gegeben hatte – jedenfalls keine, in der ich mich so ausgeliefert gefühlt hatte wie dort in der Wüste, in Gesellschaft vieler anderer, denen es ebenso erging.

Noch bevor es hell wurde, gab es wieder einen Stopp, den die Gotteskrieger diesmal jedoch nicht zum Schlafen, sondern zum Gebet nutzten.

Mit Ausnahme jener drei, die zu unserer Bewachung abgestellt waren, nahmen sie alle in einer Reihe Aufstellung, die Gesichter gen Osten gewandt, die Beine leicht gespreizt. Ihre Füße berührten die des jeweiligen Nachbarn. Vor der Gruppe stand derjenige, der an diesem Tag ihr Vorbeter war und das Ritual leitete.

Aus Respekt vor dem, was ihnen heilig war, wagten wir nicht zu sprechen, während sie ihre inbrünstig klingenden Gebete intonierten. Am Ende warfen sie sich mehrfach zu Boden, wobei sie mit der Stirn und den Handflächen den staubigen Untergrund berührten. Anschließend beseitigte einer von ihnen mit einem Besen alle Spuren des Rituals.

»Wozu soll das gut sein?«, fragte Doris Riedel ihren Mann. Der blickte fragend in die Runde, bis schließlich Horst antwortete:

»Ich könnte mir vorstellen, dass die Spuren, die sie beim Beten hinterlassen, sehr verräterisch für etwaige Verfolger sind. Man könnte sofort erkennen, dass hier gläubige Muslime gestoppt haben.«

Beim Stichwort ›etwaige Verfolger‹ machte mein Herz einen Sprung. Da seit dem Zeitpunkt unserer Entführung aber erst 36 Stunden verstrichen waren, konnte ich mir kaum vorstellen, dass wir bereits vermisst wurden. Das Verschwinden der beiden Motorradfahrer, von dem bereits in den deutschen Nachrichten berichtet worden war, lag indessen schon länger als eine Woche zurück. Von daher war es nicht ausgeschlossen, dass tatsächlich Suchtrupps unterwegs waren, um die Wüste nach verschwundenen Touristen zu durchkämmen.

Auf der zermürbenden Weiterfahrt gab es jedoch keine Anzeichen dafür, dass nach unseren Entführern und uns gesucht wurde. Nur die Tatsache, dass wenige und möglichst kurze Pausen eingelegt wurden, konnte man als Indiz dafür betrachten, dass die Gotteskrieger sich in dieser Region nicht sicher fühlten.

Als die Sonne höher stieg, wurde die Hitze immer unerträglicher, denn keines der Fahrzeuge hatte eine Klimaanlage. Wegen der Staubwolken, die die vorausfahrenden Wagen aufwirbelten, war es unmöglich, ein Fenster zu öffnen. So schmorten wir also auf engstem Raum, immer noch in der alten Sitzordnung, im Iveco und hofften auf einen schattigen Lagerplatz, an dem es zu essen gab und Sand genug, in dem man bequem schlafen konnte.

Aber die Gotteskrieger schienen es eilig zu haben und gönnten sich selbst und uns lediglich kurze Pinkelpausen.

Es muss später Nachmittag gewesen sein, als wir eine weite, sandige Ebene passierten, in der unser Konvoi von weither bestens zu sehen war. Wir hätten keinen Anhaltspunkt dafür gehabt, ob wir uns auf oder in der Nähe einer Hauptpiste befanden, wenn da nicht plötzlich dieser von einigen Büschen umgebene Brunnen gewesen wäre, neben dem ein seitlich offener Verschlag stand. Da solche Brunnen nicht im Niemandsland herumstehen, wussten wir nun, dass wir uns in der Nähe einer Hauptpiste bewegten. Dass unsere Entführer das Risiko eingingen, gesehen zu werden, konnte nur daran liegen, dass wir dringend Wasser brauchten. Seit dem Überfall zehrten wir nämlich von den Wasservorräten, die die Touristenfahrzeuge mitführten – pro Wagen zwischen 50 und 100 Litern.

Zu dieser noch mäßig heißen Jahreszeit herrschten tagsüber Temperaturen von höchsten 35 Grad, sodass wir pro Person etwa vier bis fünf Liter Wasser benötigten. Da unsere Gruppe mittlerweile aus 41 Personen bestand, lag unser Wasserverbrauch also bei mindestens 120 Litern täglich.

Das Nachfüllen der leeren Kanister dauerte eine geraume Weile. Doch als wir schließlich von dem Wasser trinken wollten, bemerkten wir, dass es eine sandbraune Farbe hatte – ähnlich jenem Wasser, das wir kurz vor dem Überfall aus einem Brunnen geschöpft, aber nicht getrunken hatten.

»Der Brunnen ist ziemlich neu«, erklärte uns Horst, nachdem er Abdullah, den freundlichen älteren Gotteskrieger, befragt hatte. »Das ist der Grund, warum das Wasser so sandig ist.«

Weil ich Durst hatte, nahm ich einen großen Schluck. Am liebsten hätte ich alles wieder ausgespuckt, denn das Wasser schmeckte penetrant nach Diesel.

»Haben die das Wasser etwa in die leeren Diesel-Kanister gefüllt?«, stöhnte ich.

Wir versuchten vergebens, den Gotteskriegern klar zu machen, dass ein Diesel-Kanister sich nicht als Wasserkanister eignet, da der Diesel-Geschmack nie mehr verschwindet. Sie sahen uns nur verständnislos an – offensichtlich machte ihnen weder der Sand noch der Diesel-Geschmack etwas aus.

»*Jallah, jallah – vite, vite!*« Schon riefen sie wieder zum Aufbruch, sodass wir uns erneut in die stickigen Fahrzeuge drängen mussten. Es war offensichtlich, dass sie die Ebene so schnell wie möglich passieren wollten.

Auch als wir wieder unübersichtliches, steiniges Gelände erreicht hatten, dachten sie nicht daran, einen Lagerplatz zu suchen.

Erst nach Mitternacht stoppte unser Konvoi. Im Dunkeln konnten wir lediglich erkennen, dass an der Stelle ein paar Büsche wuchsen. Wir nahmen unsere Schlafsäcke und legten uns direkt bei den Fahrzeugen auf den Boden. Nur Eva blieb im Iveco.

Die einerseits strapaziöse und andererseits eintönige Fahrt hatte uns alle so erschöpft, dass wir sofort einschliefen.

Bereits vier Stunden später wurde wieder zum Aufbruch gedrängt. Ich erwachte mit großem Hunger, denn tags zuvor hatte es außer Nüssen und Fladenbrot nichts zu essen gegeben.

Leider änderte sich daran auch an diesem Morgen nichts, aber dafür gab es Tee! Ich liebte das dunkelbraune Getränk, genau so, wie die Gotteskrieger es zubereiteten: mit viel Zucker und so stark, dass ein Schluck davon jede Müdigkeit vertrieb. Das war auch nötig, denn dieser Tag verlief ähnlich wie der vorige: nur kurze Pinkelpausen, essen aus den Vorräten der Österreicher, unbequemes Sitzen auf der bepackten Ladefläche des Iveco, sodass wir immer wieder in die Mitte rutschten, und schließlich nach Mitternacht einige Stunden Schlaf neben den Fahrzeugen.

Erst am Vormittag des nächsten Tages kam es zu einer längeren Pause, die endlich die von mir ersehnte Abwechslung brachte.

Die Kalaschnikow samt Stativ wurde auf dem Dach von Gerd Bachmanns Toyota montiert. Anschließend wurde die Sitzordnung geändert, wobei ich einen Platz auf der Ladefläche von Renos Nissan Pick-up bekam. Auf der Plane, die über das Gepäck auf der Ladefläche gezurrt war, saßen nun außer mir Hubert Manner, Thomas Bär und Christian Abendroth – eine Gesellschaft, die ich schon bald zu schätzen wusste, denn wir vier hatten die gleiche Wellenlänge.

Zu unserer Bewachung hatte man einen der jüngeren Gotteskrieger zu uns auf die Ladefläche abkommandiert. Aber der junge Mann war offensichtlich müde und schlief, an Christians Schulter gelehnt, einfach ein. Christian fühlte sich mit dem an ihn gekuschelten Mudschaheddin an seiner Seite sichtlich unbehaglich, verzichtete jedoch darauf, den Mann zu wecken.

Ein weiterer Vorteil der neuen Konstellation bestand darin, dass wir auf der unbedachten Ladefläche dem Fahrtwind ausgesetzt waren. Da die Gotteskrieger wie immer mit viel zu hoher Geschwindigkeit durch das schwierige Terrain bretterten, mussten wir allerdings höllisch aufpassen, um nicht über das niedrige Geländer zu stürzen. Verglichen mit der Backofenhitze in den anderen Fahrzeugen erschien mir das aber als das kleinere Übel.

Nachmittags fuhr der Konvoi in ein Wadi hinein, das zu beiden Seiten von etwa 40 Meter hohen Felswänden begrenzt war. Je weiter wir fuhren, desto geringer wurde der Abstand zwischen den Felsen. Wir stoppten schließlich an einer Stelle, an der der einstige Flusslauf noch höchstens zehn Meter breit war. Die Fahrzeuge mussten hintereinander geparkt werden, denn nach vorn konnte man nur noch zu Fuß weiterkommen. Wir durften uns dort auf die Steine setzen und endlich für mehrere Stunden im Schatten der Felswände ausruhen.

Von Reno bekam ich den Tipp, Doris Riedel nach einer Zigarette zu fragen.

»Sag bloß, dass sie die ganze Zeit noch Zigaretten hatte!« Ich konnte mein Glück kaum fassen, als Doris Reno und mir tatsächlich zwei Glimmstengel überließ, mit denen wir sofort hinter einem Felsen verschwanden. Dort zogen wir hektisch den lange vermissten blauen Dunst ein, ängstlich darauf bedacht, dass keiner der Gotteskrieger uns entdeckte.

Was hätten sie wohl mit uns gemacht, wenn sie uns beim Rauchen erwischt hätten? Damals malte ich mir die fürchterlichsten Strafen aus, rückblickend schätze ich die Konsequenzen jedoch als eher harmlos ein.

Ich hatte bereits festgestellt, dass auch die Gotteskrieger nicht ohne Fehl waren. Sie hatten uns außer Zigaretten und Alkohol auch sämtliche Schokoladenvorräte abgenommen, denn Schokolade zählt für strenggläubige Muslime gleichermaßen zum Teufelswerk wie Alkohol und Tabak. Am Vortag hatte ich jedoch einen jungen Mudschaheddin dabei beobachtet, wie er eine ganze Tafel Schokolade auf einmal in sich hineinstopfte, nachdem er sich vergewissert hatte, dass keiner seiner Mitstreiter ihn beobachten konnte.

Die Szene hatte auf mich beruhigend gewirkt, denn nun wusste ich, dass wir es mit Menschen zu tun hatten, deren Grundsätze nicht jederzeit über ihre Gelüste siegten.

Um uns zum Rauchen zurückziehen zu können, hatten wir vorgegeben, wir wollten unsere Notdurft verrichten. Nun kamen wir wie Schulkinder, die etwas Verbotenes getan hatten, wieder hinter dem Felsen hervor und sahen, dass gerade eine Kleiderverteilungsaktion im Gange war: Die Gotteskrieger hatten einen großen Haufen Kleidungsstücke in der Mitte der Gruppe auf den Boden gelegt, und jeder konnte sich aussuchen, was er zu brauchen glaubte.

Für mich fielen eine Hose, die allerdings etwas zu groß war, und ein T-Shirt ab, das ich bis zum Ende meiner Gefangenschaft ständig trug.

Die Gotteskrieger selbst schienen an den Kleidungsstücken nicht interessiert zu sein. Wir hatten schon beim Überfall bemerkt, dass ihr Schuhwerk in einem erbärmlichen Zustand war: Sie trugen Turnschuhe mit riesigen Löchern darin. Teilweise wurden die Schuhe mit Gewebeband zusammengehalten, sonst wären sie in mehrere Teile auseinander gefallen.

An jenem Nachmittag in dem engen Felsenwadi bemerkte ich, dass einer der Gotteskrieger meine Bergschuhe trug.

In dem Kleiderhaufen in unserer Mitte fanden sich Kleidungsstücke, die niemandem aus unserer Gruppe gehörten – ein weiterer Beweis dafür, dass es noch andere Entführte geben musste.

In diesem Wadi sah ich auch zum ersten Mal das monströse Funkgerät unserer Entführer, mit dem sie offensichtlich Kontakt zu anderen Gotteskriegern unterhielten. Die mehrere Meter langen Antennen wurden in Fahrzeughöhe waagerecht aufgespannt, sodass das Senden und Empfangen auch zwischen den hohen Felswänden möglich war. Da, wie ich wusste, solche Funkgeräte eine maximale Reichweite von 150 Kilometern haben, konnten sich die andere Gruppe beziehungsweise ihre Mittelsmänner nur innerhalb dieses Radius befinden.

Die Gotteskrieger hatten diesen Nachmittag dazu erkoren, sich aller Dinge zu entledigen, die sie für überflüssig hielten. Wahrscheinlich wollten sie mehr Platz in den Fahrzeugen schaffen, die mit fünf bis sechs Personen pro Wagen plus Gepäck und Vorräten ziemlich überladen waren.

Wir beobachteten, wie sie vor der Weiterfahrt in der Dämmerung sämtliche Kühlschränke aus den Fahrzeugen herausrissen. Dann flogen Campingtische und Stühle auf den Sperrmüllhaufen und zum Schluss verschiedene Werkzeuge, deren Zweck unseren Entführern wohl nicht klar war.

Toni blutete das Herz, als er mit ansehen musste, wie all die sinnvollen Gegenstände im Schatten einer Felswand liegen blieben.

»Wir müssen uns merken, wo dieses Wadi liegt«, überlegte er laut. »Auf dem Rückweg können wir die Sachen dann wieder einsammeln!«

Ich war beeindruckt von seiner Zuversicht. »Auf dem Rückweg«, hatte er gesagt, als ob wir bereits genau geplant hätten, wann und unter welchen Umständen wir an dieser Stelle wieder vorbeikommen würden

Die acht Fahrzeuge in dem engen Wadi zu wenden, nahm einige Zeit in Anspruch. Erst kurz vor Sonnenuntergang verließen wir den Ort, und so überraschte es niemanden, als wir wiederum fast die ganze Nacht durchfuhren und wie schon zuvor nur einige Stunden neben den Fahrzeugen schliefen.

Am nächsten Morgen passierte der Konvoi eine sandige Senke, die direkt in eine Anhöhe mit nicht unbeträchtlicher Steigung überging. Von der Ladefläche des Pick-ups aus konnte ich beobachten, wie der Iveco, der ohnehin das Schlusslicht des Konvois bildete, vermutlich wegen zu viel Ladung im sandigen Untergrund hängen blieb und geschoben werden musste. Die Gotteskrieger keuchten nicht wenig, während sie sich abmühten, das Fahrzeug wieder flottzubekommen. Schließlich kamen sogar die Sandbleche zum Einsatz.

Ihre Bemühungen wären wesentlich erfolgreicher verlaufen, wenn sie die Insassen hätten aussteigen lassen, aber auf diese Idee kamen sie nicht. Die Aktion dauerte an die anderthalb Stunden, in denen die Männer den Iveco, vor den immer wieder Sandbleche gelegt wurden, ganze 50 Meter weiter schoben.

Leider bereitete der Iveco uns etwa drei Stunden später die nächste Schwierigkeit: Nur 500 Meter vor unserem Ziel – einem riesigen Wadi, das uns ausreichend Schutz vor der sengenden Mittagssonne bieten sollte – erstarb das Motorengeräusch des Wagens. Er rollte noch einige Meter und blieb dann einfach stehen. Der Fahrer des Pick-ups war der Erste, der die Panne im Rückspiegel bemerkte und sofort eine Kehrtwendung machte. Diesmal dauerte es nicht lange, ehe festgestellt wurde, dass sich kein Tropfen Diesel mehr im Tank des Iveco befand.

Dann hielten auch der Landrover und der Toyota, in dem der Emir saß, neben uns. Der Emir entschied, dass der Iveco vom Landrover ins Wadi geschleppt werden sollte. Offensichtlich sollten die zu diesem Zeitpunkt noch vorhandenen geringen Diesel-Vorräte nur auf die noch verbleibenden sieben Autos verteilt werden.

Für die künftige Platzverteilung verhieß das nichts Gutes.

Da die Gotteskrieger angekündigt hatten, dass wir bis zum nächsten Abend in dem vor uns liegenden Wadi lagern würden, beschloss ich, mir darüber zunächst keine Gedanken zu machen.

Der Nachmittag und Abend im Wadi verstrich, ohne dass es Anzeichen dafür gab, dass Essen zubereitet würde. Einige von uns hatten sich deshalb schon früh in ihre Schlafsäcke zurückgezogen, um sich von den Strapazen der Fahrt zu erholen. Wir hatten einige Matratzen aus den Autos geholt, um bequemer liegen zu können. Reno hatte sogar von irgendwoher ein Feldbett organisiert, von dem er sich höchsten Schlafkomfort versprach.

Plötzlich erschienen Abdullah, der freundliche Ältere, und Djedet, der beim Beten oft Vorsänger war, und riefen uns zum Essen.

Zu unser aller Überraschung wurden große Mengen gebratener Nudeln serviert, die so köstlich schmeckten, dass wir den Verdacht hatten, einer von uns habe dieses Essen zubereitet.

Besonders ungewöhnlich war die riesige Menge, die unsere Entführer gekocht hatten. Die meisten nahmen mehrmals Nachschlag, bis unsere Bäuche so voll waren, dass wir uns kaum noch bewegen konnten.

Anschließend lagen wir träge vor dem Lagerfeuer herum und fühlten uns den Umständen entsprechend leidlich wohl, als Horst Abendroth begann, Vermutungen über unsere ungewisse Zukunft als Geiseln anzustellen.

»Wir müssen uns darauf gefasst machen, dass wir womöglich monatelang gefangen gehalten werden, bis klar ist, wer wie viel für uns bezahlen wird …«

Doris Riedel starrte ihn entgeistert an und brach dann in Tränen aus.

»Das halt ich nicht aus … nein, das hält niemand aus!«, schluchzte sie. Ihr Mann legte beruhigend den Arm um sie. »Doris, glaub doch so etwas nicht … Horst weiß doch gar nicht, was er da redet …«

Abendroth wusste indessen nur allzu gut, wovon er sprach. »Denkt doch nur an die Geiseln auf den Philippinen!«

Wortlos stand Ernst Riedel auf und brachte Doris zu ihrem Schlafplatz. Als er wiederkam, wirkte sein Gesicht ruhig und entschlossen. »Hör zu, Horst! Ich muss dich bitten, so etwas nicht vor den Frauen anzusprechen. Es hat nicht jeder das Zeug dazu, so realistisch zu denken wie du. Ich halte es für wichtig, der Gruppe Mut zu machen. Wenn du solche Dinge besprechen willst, dann warte, bis die richtigen Leute zusammen sind, die über diese Themen sprechen können, ohne in Panik zu verfallen!«

Horst Abendroth nickte wortlos. Von da an wurden die düsteren Perspektiven unseres Gefangenendaseins nur noch in kleinem Kreis besprochen, zu dem jene Männer gehörten, die sich untereinander ein gesundes Urteilsvermögen und einen einigermaßen stabilen Gemütszustand zutrauten.

In dieser Nacht schlief ich schlecht – wahrscheinlich weil mein Magen viel zu voll war. Da ich jedoch wusste, dass wir den ganzen Tag zum Ausruhen haben würden, blieb ich länger liegen als sonst.

Ich hatte Abdullah schon mehrfach gebeten, ob ich die Fotos von meiner Familie zurückbekommen könnte, bislang allerdings ohne Erfolg. An jenem Morgen jedoch winkte er mich herbei und übergab mir mit einem Schlag auf die Schulter meinen Reisepass, meine leere Geldbörse und die Aufnahmen, die ich so lange vermisst hatte. Auch Hubert Manner und Andi Hagen, die ebenfalls Kinder hatten, sowie der Rest der Gruppe erhielten ihre Fotos, Pässe und Fahrzeugpapiere zurück.

Als ich das Bild von Simon, Philip und Andrea betrachtete, brach ich unwillkürlich in Tränen aus. Ein wilder, noch nie gekannter Schmerz durchfuhr mein Herz und machte mir schlagartig wieder meine elende Lage bewusst: Weder ich noch unsere Entführer wussten, ob ich Andrea und die Kinder jemals wiedersehen würde. Ob sie auch ohne mich klarkämen, wenn ich hier in der Wüste mein Leben lassen müsste? Oder noch schlimmer – wenn ich bis zum Nimmerleinstag gefangen gehalten würde? Nicht auszudenken!

Später stellte ich fest, dass auch bei Hubert und Andi Tränen geflossen waren, als sie die Fotos ihrer Kinder sahen.

Vor dem Einschlafen fiel mir ein, dass die Geldbörse, die ich zurückerhalten hatte, ein Geheimfach enthielt, in dem ich einen 50-Euro-Schein verwahrt hatte. Ich kroch noch einmal aus meinem Schlafsack, um das Geheimfach zu überprüfen. Der Geldschein war immer noch da!

Am Nachmittag kamen fünf der Gotteskrieger auf die Idee, das Motorrad zu testen, das sich immer noch in Huberts und Thomas' Mitsubishi befand.

Einer nach dem anderen setzte sich auf die Geländemaschine und versuchte damit zu fahren, so weit er konnte. Das Ergebnis war erschreckend: Nur einer kam überhaupt weiter als 30 Meter, und alle fünf trugen von ihren Stürzen derartige Blessuren davon, dass sie sich anschließend an Kopf, Armen, Händen und Beinen verbinden mussten.

Unser Konvoi hatte sich bei der Abfahrt nicht nur um ein Fahrzeug, sondern gleich um zwei verkleinert, denn auch der Opel Frontera, der Doris und Ernst Riedel gehörte, musste mit leerem Tank im Wadi zurückgelassen werden.

Hubert, Thomas, Christian und ich hatten die Pick-up-Ladefläche wieder für uns, denn in den Mitsubishi passten nun sechs Personen, da das Motorrad aus Platzgründen hinter uns herfahren sollte. Derjenige, der am Nachmittag am weitesten damit gekommen war, bevor er stürzte, hatte nun die Ehre, es fahren zu dürfen.

Wieder fuhren wir fast die ganze Nacht, bis wir irgendwo auf dem Weg anhielten, um neben den Fahrzeugen ein paar Stunden zu schlafen.

Bevor mir die Augen zufielen, dachte ich an die Gazelle, die eine der vor uns fahrenden Gruppen eine Stunde zuvor im Dunkeln gesichtet hatte. Der Beifahrer griff sofort nach seiner Kalaschnikow, um das hin- und herjagende Tier zu erlegen. Bis es schließlich tot am Boden lag, hatte er acht Schuss in die Dunkelheit gefeuert. Immerhin – der Mann hatte einen Beitrag für die Verpflegung der Gruppe geleistet. Toni hatte dafür allerdings keine Anerkennung übrig. »Acht Schuss, Mann ...«, wandte er sich auf Deutsch an ihn. »Damit könntest du bei uns keine Lorbeeren gewinnen!« Zum Glück verstand der Gotteskrieger kein Wort und lächelte nur stolz.

Am nächsten Mittag tauchten plötzlich auf einer Bergkuppe mehrere Männer auf, die unseren Konvoi offensichtlich bereits erwartet hatten. Erst in diesem Moment wurde mir klar, dass wir es nicht mehr gewöhnt waren, während unserer langen Fahrten Menschen zu sehen. Diese Männer gehörten zweifellos zur Gruppe der Entführer und hatten wahrscheinlich einen Lagerplatz vorbereitet, zu dem sie die Fahrzeuge nun lotsen sollten.

Die vier verteilten sich auf mehrere Autos. Auch in das Führerhaus des Pick-ups setzte sich ein klein gewachsener Gotteskrieger, um uns den Weg zu zeigen. Er und seine Kameraden lenkten den Konvoi auf Pfade, auf denen sich allenfalls Kamele sicher hätten bewegen können. Die Abfahrt ins Tal erwies sich als recht gefährlich, denn mehr als einmal drohte eins der Fahrzeuge zu kippen.

Ich gebe zu, dass mir diese Abfahrt ziemlich auf den Magen schlug. Bei einer der regelmäßigen Pinkelpausen verzog ich mich deshalb etwas weiter fort, um mich in Ruhe zu erleichtern. Plötzlich hörte ich das Startgeräusch der Fahrzeuge, die ich aus meiner Position heraus nicht mehr sehen konnte. Mich durchfuhr ein mächtiger Schrecken – hatten sie mich etwa vergessen? Die Aussicht, in dem bergigen Gebiet allein gelassen zu werden, war schlimmer als die, gemeinsam mit den anderen weiterhin die Gefangenschaft zu erdulden. Eilig stürzte ich auf den Pick-up zu, wo ich lachend erwartet wurde.

Es dauerte eine gute Stunde, bis wir mehr oder weniger im Schritttempo die Ebene wieder erreicht hatten. Anschließend passierten wir ein felsiges Gebiet, in dem sich vor höheren Felswänden auch elefantengroße Brocken befanden – Felsen von einer Größe, wie ich sie noch nie gesehen hatte.

Dann kamen wir zu einem pyramidenartigen Felsen, an dem wir aussteigen und warten sollten. Die Fahrzeuge entfernten sich in westliche Richtung. Da die Gotteskrieger uns angekündigt hatten, dass wir nun einen Platz erreichen würden, an dem es viel Wasser gab – so viel, dass wir sogar schwimmen könnten –, warteten wir brav, bis zwei der Fahrzeuge nach etwa zwei Stunden wiederkehrten.

Und tatsächlich – der Ort, an die wir nun gebracht wurden, eignete sich hervorragend zum Lagern. Die Wasserstelle hatte eine Länge von gut zehn Metern, und das Wasser darin schien klar und wohlschmeckend zu sein.

Wir verzichteten dennoch darauf, uns darin zu waschen oder zu schwimmen, um das Wasser nicht unnötig zu verschmutzen. Stattdessen füllten wir es in Kanister und Flaschen und übergossen uns damit.

In der Wüste zu duschen, war ein Erlebnis der besonderen Art, denn die trockene Hitze ließ mich die gewohnte tägliche Dusche ohnehin nicht vermissen. Da jede Körperfeuchtigkeit sofort verdunstete, fühlte ich mich auch nach Tagen nicht wirklich schmutzig.

Umso köstlicher war ein Wassersegen wie dieser, der uns allen eine vergleichsweise ausgiebige Körperhygiene erlaubte, wie wir sie seit unserem Aufenthalt auf dem Campingplatz in Tamanrasset nicht mehr hatten genießen können.

Danach lagerten wir verteilt um die Wasserstelle und hofften, dass es mal wieder etwas Warmes zu essen gäbe. Unsere ›Gastgeber‹ hatten sich an eine Stelle zurückgezogen, die wir vom Guelta aus nicht einsehen konnten.

Doch statt des erhofften Rufs zum Essen hörten wir plötzlich das wohl bekannte »*Vite, vite! – Jallah, jallah!*« Wurde etwa schon wieder zum Aufbruch gerufen?

Diesmal bedeuteten unsere Entführer uns, im Laufschritt durch die Wüste zu hetzen, was vor allem Eva sehr schwer fiel, die immer noch nicht richtig laufen konnte.

So keuchten wir etwa drei Kilometer weit durchs Gelände, bis wir uns schließlich an einem mit Büschen bestandenen Platz, der durch kleinere Anhöhen sichtgeschützt war, niedersetzen durften. Warum wir uns dort verstecken mussten, haben wir nie erfahren. Flugzeug- oder Fahrzeuggeräusche hörten wir jedenfalls nicht. Nach ein paar Stunden konnten wir zurück ins Lager laufen, das unverändert da lag, ohne Anzeichen eines Besuchs, der uns nicht hätte sehen dürfen.

Dennoch wiederholte sich das Gleiche gegen Abend noch einmal. Wieder hetzten wir kilometerweit durch die Wüste, diesmal jedoch in eine andere Richtung. Wieder gab es nichts, das auf eine Gefahr hindeutete, und wieder liefen wir nach ein bis zwei Stunden zurück und fanden das Lager unverändert vor.

An diesem Abend hatten viele das Bedürfnis, früh schlafen zu gehen. Doch plötzlich erschienen die Gotteskrieger mit einem großen Topf gebratenen Fleisches – jener Gazelle, die in der Nacht zuvor mit acht Schuss erlegt worden war. Dazu gab es frisch gebackenes Fladenbrot. Ich fühlte mich wie im siebten Himmel, denn Fleisch hatten wir bislang noch nicht serviert bekommen.

Eine Reihe von Leuten hatten sich bereits in ihre Schlafsäcke zurückgezogen, als wir ein Motorengeräusch hörten und dann den Landrover auf das Lager zukommen sahen. Wieder einmal hatten wir gar nicht bemerkt, dass er sich entfernt hatte.

Als sich die Türen des Wagens öffneten, sah ich, dass hinter fünf Muftis ein älterer, grauhaariger Ausländer ausstieg, der freundlich in die Runde blickte.

Neugierig näherte ich mich und begrüßte ihn. »Kurt Severin«, stellte er sich seinerseits vor. »Man hat mich hierher gebracht, damit ich euch Gesellschaft leiste.«

KAPITEL 5

UNSER UNFREIWILLIGES ZUHAUSE

29. März – 5. April

Außer Horst Abendroth und mir hatte niemand aus unserer Gruppe die Ankunft von Kurt mitbekommen. Nach dem Aufstehen scharten sich deshalb alle um den Neuankömmling, der sich als allein reisender Archäologe vorstellte. Die Gotteskrieger hatten seinen Toyota nachts einfach umstellt und ihn dann mit Waffengewalt »überredet«, mit ihnen zu kommen.

»Hier bin ich nun also«, schloss er seinen Bericht und blickte freundlich in die Runde. »Vielleicht kann ich euch bei der Kommunikation mit unseren Gastgebern behilflich sein. Ich habe nämlich in Ägypten Arabisch gelernt. Dieses Arabisch versteht man auch hier.«

Dass wir nun jemanden bei uns hatten, der sich in der Landessprache verständigen konnte, beruhigte mich. Andererseits fragte ich mich, was der Neuankömmling in seinem Riesen-Seesack wohl mit sich schleppte, dessen Inhalt gut 35 Kilo schwer sein mochte. Damit hatte er sogar Gerd Bachmann übertrumpft, dessen Rucksack an die 20 Kilo wog.

Mittlerweile hatten Abdullah und Djedet einen großen Kessel Tee und einen Topf Grießbrei herbeigeschleppt und verkündeten, nach dem Frühstück müssten wir sofort aufbrechen. Doch wie immer dauerte das Aufladen und Umschichten des Gepäcks weitere ein bis zwei Stunden, in denen diskutiert, geschrien, umgeladen und die Sitzordnung mehrmals neu erstellt und wieder verworfen wurde.

Nach vielem Hin und Her zwischen den Gotteskriegern kam Folgendes heraus: Der Pajero von Andi Hagen und Dr. Stanglmeier und das Motorrad aus dem Fahrzeug der Tiroler wurden zurückgelassen – nicht ohne die übliche Tarnung aus Steinen und Erde, die die Fahrzeuge nahezu unsichtbar machte, selbst wenn man direkt in ihrer Nähe stand. Anders als beim Beladen der Fahrzeuge erledigten die Gotteskrieger solche Aufgaben ohne Geschrei und in einer Geschwindigkeit, die ich beeindruckend fand.

Der Emir und der Doc hatten sich dem allgemeinen Tohuwabohu bereits am frühen Morgen entzogen. Von uns nahezu unbemerkt hatten sie sich im grünen Toyota von Horst Abendroth aus dem Staub gemacht, und wie immer wussten wir nicht, wann sie wieder zu uns stoßen würden.

Kurt hatte uns berichtet, er habe auf dem Dachgepäckträger seines Toyota Landcruisers zwölf Dosen dänische Buttercookies geladen, die er in der Wüste gewöhnlich am späten Nachmittag zusammen mit einer Tasse grünem Tee zu sich nähme. Die Aussicht auf dänische Butterkekse hob unsere Laune erheblich. Sofort rannte ich los, um die Dosen sicherzustellen, doch ich kam zu spät – die Gotteskrieger hatten die Kekse längst an sich genommen und waren offensichtlich nicht geneigt, sie mit uns zu teilen. In der Regenrinne auf dem Dach des Toyota fand sich noch ein halber Keks, den ich mir sofort in den Mund schob. So himmlisch hatte mir seit meiner Kindheit kein Cookie mehr geschmeckt!

Als es endlich losging, stieg ich in Kurts Toyota, in dem außer ihm noch der einarmige Andi Hagen, Dr. Stanglmeier und Reno saßen. Das heißt, eigentlich saßen wir nicht, sondern lagen vielmehr, und zwar auf einem Zusatztank des Fahrzeugs, der 500 Liter Diesel fasste. Wir konnten uns glücklich schätzen, dass unsere Entführer auch Kurt gekidnappt hatten, denn diese 500 Liter Treibstoff würden uns noch eine Weile davor bewahren, zu Fuß durch die Wüste marschieren zu müssen!

Auf dem Fahrersitz saß ein Gotteskrieger, dem wir den Namen ›Paris-Dakar‹ gegeben hatten. Er war der Einzige unter den 25 Entführern, der einen vernünftigen Fahrstil hatte – im Klartext: Er benutzte zum Fahren nicht nur den rechten Fuß, sondern auch seinen Kopf.

Neben ihm saß der ewig lächelnde Elias, ein jüngerer, recht eitler Mann, der die Angewohnheit hatte, sich die Augenbrauen und Augenlider dunkel zu schminken. Ihm war einer der drei Medizin-Koffer anvertraut worden, sodass er im Notfall zur Stelle sein konnte, um Medikamente zu verabreichen und Wunden zu verbinden.

Nicht nur wegen meiner liegenden Position im Wagen fühlte ich mich an diesem Tag vergleichsweise wohl. Für mich war offensichtlich, dass Kurt ein Gewinn für unsere Schicksalsgemeinschaft war. Der groß gewachsene Mann mit den freundlichen Augen und den wirr vom Kopf abstehenden grauen Haaren verbreitete unter allen Wageninsassen Zuversicht. Dass er unversehens in die Gefangenschaft islamischer Fundamentalisten geraten war, schien diesen Wissenschaftler nicht zu schockieren.

»Entführungen haben im arabischen Raum eine lange Tradition«, erklärte er uns. »Erfahrungsgemäß werden Geiseln gut behandelt. Die Jungs hier brauchen uns, um ihre Ziele durchzusetzen.«

»Der Emir nennt dich Doktor Kurt«, konstatierte Reno. »Horst, Hubert und Dr. Stanglmeier haben ebenfalls einen Doktortitel, aber die werden von unseren Muftis nicht so genannt!«

Ich war überzeugt zu wissen, woran das lag: Auch unsere Entführer hatten offenbar sofort bemerkt, dass sie es bei Kurt mit einer echten Kapazität zu tun hatten – einem Mann, dessen Tätigkeiten im arabischen Raum ihm eine gründliche Kenntnis dieser Kultur und der von ihr geprägten Menschen eingebracht hatten.

An diesem Tag fuhren wir, abgesehen von einer kurzen Mittagspause, bis zum späten Nachmittag durch. Aus dem vorderen Teil des Fahrzeugs tönten die durchdringenden Klänge muslimischer Gebete an unsere Ohren. Für uns hörte sich das alles gleich an, sodass wir nicht hätten sagen können, ob Paris-Dakar und Elias immer wieder dieselbe oder unterschiedliche Kassetten abspielten.

Nach etwa sieben Stunden Fahrt durch teils sandiges, teils hügeliges und steiniges Gelände waren wir alle reichlich genervt und sehnten uns danach, endlich mal wieder die unvergleichliche Ruhe der Wüste zu genießen.

Der Platz, an dem wir schließlich hielten, kam mir durchaus geeignet vor, sich dort ein wenig zu erholen. Dieses kleine Wadi maß an der breitesten Stelle etwa 30 Meter. Sein um die Hälfte schmalerer Eingang war zur rechten Seite mit Büschen zugewachsen, in denen die Fahrzeuge versteckt werden konnten.

Unter den Büschen stand bereits der grüne Toyota – der Emir und der Doc waren also schon vor uns eingetroffen.

Zum Glück legten wir an dieser Stelle nicht nur eine kurze Pause ein, sondern konnten uns auf dem halbrunden Terrain hinter dem Wadi-Eingang für die Nacht einrichten.

Am Morgen hatte ich beim Wasserlassen Schmerzen gehabt und fragte nun nach einem Medikament gegen eine

Harnwegsentzündung, das sich in einem der drei Medikamentenkoffer befinden musste. In Elias' Koffer wurden wir schließlich fündig. Dort befanden sich aber nicht nur eine Menge Pillenschachteln, sondern auch eine Dose Red Bull. Ich sehnte mich danach, endlich mal wieder einen anderen Geschmack als den des Wassers auf der Zunge zu spüren. Also versuchte ich, Elias klar zu machen, dass Red Bull eine Medizin gegen meine Beschwerden sei. Er sah mich mit seinen dunkel umrandeten Augen lächelnd, aber zweifelnd an und ließ die Dose wortlos wieder in seinem Koffer verschwinden.

Das ewige Wassertrinken ging uns allen ziemlich auf die Nerven. Wir fantasierten gelegentlich von Cola, Bier und Apfelschorle, um unsere entwöhnten Geschmacksnerven ein wenig zu animieren. Auch an diesem Abend würde es nur Wasser geben, dazu aber Fladenbrot, das die Gotteskrieger am Vorabend in der heißen Asche des Feuers gebacken hatten.

Auch jetzt waren zwei von ihnen damit beschäftigt, ein Feuer zu entfachen, in dessen Asche das Brot für morgen gebacken werden sollte.

Zum Fladenbrot gab es gegen Sonnenuntergang eine Art Nudelsuppe, die kaum Geschmack hatte. Aber das Brot entschädigte uns dafür.

Nach dem Essen erhielten wir unsere Zahnbürsten zurück, mitsamt Zahnpasta! Wir freuten uns alle riesig, am meisten jedoch Anke, die tatsächlich einen Luftsprung machte und ein lautes Freudengeheul ausstieß.

Mehr als unsere Zahnbürsten interessierte uns allerdings der Stand der Lösegeldverhandlungen. Kurt erfuhr vom Doc, dass die Verhandlungen über einen Oberboss ihrer Gruppe in Nordalgerien abgewickelt wurden, von dem es bislang keine Nachrichten gab. »Allah ist groß«, bemerkte der Doc abschließend, ehe er sich wieder seinen Leuten zuwandte.

Kurt kommentierte erstaunt: »Die scheinen nicht mehr zu wissen als wir selbst.«

Später am Abend wurden dann endlich auch Socken und Kniestrümpfe verteilt, denn unsere Entführer hatten eingesehen, dass wir ohne Strümpfe in den Schuhen viel zu schnell Blasen bekamen. Die Strümpfe, die wir bei unserer Gefangennahme trugen, hatten wir aus nahe liegenden Gründen längst weggeworfen.

So kam es also, dass wir vor dem Schlafengehen vor einem großen Haufen Socken saßen, um diese nach Größe und Farbe sortiert unter uns aufzuteilen.

Doch damit nicht genug – an diesem Abend hatten wir außerdem einige lose Blatt Papier und zehn Bücher zurückerhalten, von denen eines sogar mir gehörte. Wann würde ich wohl genügend Zeit und Licht haben, es zu lesen?

Als ich in dieser Nacht in meinen Schlafsack kroch, hatte ich das Gefühl, dass sich unsere Lage bald zum Guten wenden würde.

◆ ◆ ◆

Obwohl wir nicht mehr als sonst darüber erfuhren, wohin wir unterwegs waren, war ich am nächsten Tag guter Stimmung. Paris-Dakar und Elias beschallten das Fahrzeug wie am Vortag unverdrossen mit ihren Gebetskassetten. Ich überlegte kurz, ob sich in den Medizinkisten wohl Oropax befand, doch das war ziemlich unwahrscheinlich – schließlich liebten Sahara-Touristen die Wüste gerade wegen ihrer Ruhe. Mit Lärmbelästigungen rechnete man da kaum.

Paris-Dakar erwies sich auch an diesem Tag als hervorragender Fahrer. Nachdem der vorausfahrende Wagen sich auf der Suche nach einem Weg auf ein Hochplateau verfahren hatte, fand er den Weg ohne Mühe und übernahm von da an die Führung des Konvois.

Gegen Mittag verließen wir die Hochebene wieder und näherten uns einem mit großen Felsbrocken übersäten Wadi, das sich aus der Nähe betrachtet als unpassierbar erwies.

Alle Gotteskrieger stiegen aus den Fahrzeugen, blickten prüfend in die Gegend und beratschlagten in ihrer Sprache, wie das Problem zu lösen sei.

Schließlich forderten sie uns Männer auf, auszusteigen und mitzuhelfen. Auf einer Breite von etwa drei Metern sollten die Steine aus dem Weg geräumt werden, um den Wagen die Durchfahrt zu ermöglichen. Die Frauen mussten allerdings in den Autos bleiben – ihre Hilfe hätten die Gotteskrieger auf keinen Fall annehmen können.

Im Lauf unserer Arbeit stellte sich heraus, dass wir eine Strecke von fast einem Kilometer von Steinen befreien mussten, deren Gewicht nicht unerheblich war. Da wir insgesamt 38 Männer waren, hatten wir die Arbeit in etwa anderthalb Stunden erledigt. Selbst der einarmige Andi hatte mitgeholfen und war wie wir stolz auf das, was wir geleistet hatten.

An jenem Nachmittag hatte ich das Gefühl, dass wir gehandelt hatten wie eine homogene Gruppe, zu der auch unsere Entführer gehörten. Schließlich, so ging es mir durch den Kopf, hofften wir mittlerweile auch ebenso wie sie auf den Beginn der Lösegeldverhandlungen – allerdings aus unterschiedlichen Gründen: wir Ausländer, weil unser Überleben davon abhing, die Entführer hingegen, weil sie auf das Geld aus waren. Sie brauchten es nicht etwa für ihre Familien, sondern um ihren Kampf gegen ein verhasstes Regime zu finanzieren.

»Darf ich dich mal was fragen, Kurt?«, begann ich etwas planlos, als wir nach unserer Schufterei am Ende der ›Straße‹ herumstanden.

Als Kurt nickte, platzte ich heraus: »Siehst du eine konkrete Möglichkeit, dass wir freikommen, auch wenn kein Lösegeld für uns gezahlt wird?«

Kurt schwieg ein paar Sekunden lang, bevor er antwortete: »Wenn kein Lösegeld gezahlt wird, gibt es nur noch eine Möglichkeit – eine gewaltsame Befreiung. Dafür käme die GSG 9 infrage, vielleicht auch das algerische Militär …«

Nun mischte sich Andi Hagen ein: »In beiden Fällen wäre es nicht sicher, dass wir eine Befreiung überhaupt überleben würden. Wenn erst mal geschossen wird, ist nicht mehr kalkulierbar, wen die Kugel trifft!«

»Auf was sollen wir also hoffen?«, fragte Hubert ungeduldig. »Mir persönlich wäre eine Befreiung ja schon lieber als eine Lösegeldzahlung!«

Dr. Stanglmeier sah Hubert voller Unverständnis an. »Wieso das denn? Mir ist ziemlich egal, wie viel unser Leben kostet – Hauptsache, wir kommen heil hier heraus!«

»Am sinnvollsten wäre es, wenn uns eine Truppe befreit, die sich hier in der Wüste und vor allem mit dem Kampfstil der Mudschaheddin gut auskennt«, warf Kurt ein.

»Meinst du die Franzosen?«, fragte ich nach.

Kurt klang sehr überzeugt. »Natürlich! Die haben sich hier lange genug rumgetrieben. Sie könnten einen Spezialeinsatz wagen …«

»Leider ist unter uns kein Franzose – warum sollten sie wegen uns ein solches Risiko eingehen?«, wandte Thomas ein.

»Wegen der deutsch-französischen Freundschaft vielleicht?«, fragte ich unsicher in die Runde.

Keiner von uns wusste so recht, ob die Franzosen wohl ein hinreichendes Motiv hätten, Deutsche und Österreicher aus der Gewalt fundamentalistischer Geiselnehmer zu befreien.

»Im Fall der philippinischen Geiseln hat Gaddhafi die Lösegeldzahlung übernommen«, erinnerte sich Kurt. »Das wäre auch in unserem Fall eine ideale Lösung …«

Um die Diskussion mit einem positiven Ausblick zu beenden, stimmten wir alle zu. Ob dem libyschen Staatschef an unserem Leben etwas gelegen war, wusste natürlich keiner von uns.

Wir hatten unsere Unterhaltung kaum beendet, als Abdullah zu uns trat, um uns klar zu machen, dass wir in dem Wadi, das vor uns lag, unser Nachtlager aufschlagen würden. Ich wunderte mich, denn eine Wasserstelle war nirgends zu sehen. Paris-Dakar erklärte, dass das Wasser von weiter her mit einem Fahrzeug geholt würde. Dazu mussten die Gotteskrieger in einem ausgetrockneten Flusslauf einen halben Meter tief graben.

Das in Kanister abgefüllte Wasser, das sie nach einer Weile aus einem Fahrzeug luden, schmeckte erstaunlich gut. Wir hatten uns mittlerweile auf dem weiträumigen, von größeren Felsen übersäten Terrain verteilt, das an der linken Seite von einer hohen Felswand begrenzt war. Thomas, Hubert und ich liefen fast zwei Kilometer landeinwärts, um das Gelände genau zu erkunden und einen geeigneten Platz für unsere tägliche Notdurft zu finden. In der Nähe der Felswand stießen wir schließlich auf eine größere Ansammlung von Knochen, die sich unschwer als die Gebeine eines Kamels identifizieren ließen.

Wir trugen die Knochen zu unseren Schlafplätzen und versuchten dort, das Kamel-Skelett so gut wie möglich wieder zusammenzusetzen. Obwohl uns wahrscheinlich kleinere Knochen fehlten, gelang es uns, das Kamel in seiner Grundform zu rekonstruieren.

Erst dann bemerkte ich, dass der Emir und der Doc wieder zu uns gestoßen waren. Ich sah sie in einer Gruppe anderer Gotteskrieger an der Feuerstelle sitzen. Wie meistens saß der groß gewachsene Mann schweigend zwischen seinen Leuten, während der Doc eifrig diskutierte.

An jenem Abend gab es wie am Vorabend Nudelsuppe und Fladenbrot zu essen. Weil wir vom Steineschleppen reichlich müde waren, gingen wir alle früh zu Bett. Zum Lesen wäre es zu diesem Zeitpunkt ohnehin schon zu dunkel gewesen.

Erst am nächsten Morgen hörte ich von Djedet, dass wir an diesem Platz noch ein paar Tage bleiben würden. Reno, der mal wieder als Erster aufgestanden war, schien sich darüber zu freuen. »Noch einen Tag mit diesem Gebetskassetten-Gejammere hätte ich sowieso nicht überlebt«, grinste er, ehe er zum Zähneputzen davonging.

Wir waren beide bereits gegen vier Uhr früh wach geworden, als die Gebete der Gotteskrieger ertönten, die gute 50 Meter von uns entfernt lagerten. Einige der Männer blieben danach wach, andere legten sich noch mal zum Schlafen hin.

Reno und ich versuchten nach Möglichkeit wach zu bleiben, damit wir den Sonnenaufgang miterleben konnten, der mir jeden Morgen aufs Neue unvermindert faszinierend erschien. Solange das Lager noch in Dunkelheit getaucht war, erschien es mir oft ein wenig unheimlich, denn nur zu leicht konnte man auf einen Schlafsack treten, in dem jemand schlief.

Doch sobald die ersten rötlichen Strahlen der Sonne das Lager sanft erleuchteten, überwog der friedliche Eindruck. Kein Beobachter wäre auf die Idee gekommen, dass es sich um ein Lager von Kidnappern und Entführten handelte.

Sofern mein Schlafbedürfnis nicht mächtiger war, ließ ich mir den Anblick des schnell größer werdenden roten Balls schon deshalb nicht entgehen, weil ich ein Stück Freiheit darin sah, mich von einem Naturschauspiel beeindrucken zu lassen – in einer Situation, die letztendlich von Unfreiheit bestimmt war.

Nachdem Reno und ich unsere Morgentoilette beendet hatten, fantasierten wir von einem leckeren Frühstück: Kaffee mit geschäumter Milch, Semmeln mit Butter und Marmelade, ein Fünf-Minuten-Ei, ein paar Scheiben Mailänder Salami, vielleicht noch ein griechischer Joghurt mit Honig …

Aber die Realität holte uns schnell ein, diesmal allerdings nicht in Form von Grießbrei, sondern in Gestalt von gebratenem Reis, der dem grauen Brei in jeder Hinsicht überlegen war: Er hatte Geschmack, er roch gut, und wir waren ihn noch nicht so leid wie unser Standard-Frühstück, die mal festere, mal flüssigere Grießpampe.

Nach dem Frühstück stand die Sonne hoch genug, dass ich mich endlich zum Lesen zurückziehen konnte. Diejenigen, die ebenfalls ein Buch ergattert hatten, taten das Gleiche.

Hubert und Thomas, die beiden Tiroler Bergsteiger, sah ich mit Abdullah bei ihrem Fahrzeug stehen. Offensichtlich ließen sie sich von ihm eine gut zehn Meter lange Strickleiter geben, die zu ihrer Ausrüstung gehörte.

Als ich das nächste Mal von meinem Buch aufsah, hatten sie die Strickleiter zwischen zwei Felsen gespannt. Da der eine Felsen höher war als der andere, verlief die Verbindung aufwärts, was die beiden aber nicht davon abhielt, sich mit reiner Muskelkraft und waagerecht abgewinkelten Beinen Stück für Stück aufwärts zu hangeln. Sofort legte ich mein Buch zur Seite und schaute mir die Darbietung aus der Nähe an.

Auch Kurt schien fasziniert zu sein von der geballten Körperkraft der beiden Tiroler. »Jetzt weiß ich endlich, wie ihr Österreicher einen Achttausender bezwingt: mit einer acht Kilometer langen Strickleiter!«, rief er ihnen zu.

Nicht nur ich, auch alle anderen Männer der Gruppe bewunderten die durchtrainierten Körper der beiden Tiroler, die in der Gefangenschaft noch nichts von ihren Muskeln eingebüßt hatten. Wir anderen waren froh, wenn es uns gelang, einen bis zwei Meter weit zu hangeln – von waagerecht abgewinkelten Beinen gar nicht zu reden. Auch Djedet und einer der jüngsten Gotteskrieger, Jaffa, standen staunend vor der Strickleiter, weigerten sich aber, selbst einen Versuch zu unternehmen. Ihre abwehrenden Gesichter sprachen Bände.

»Sieht nicht so aus, als ob sie ein Al-Qaida-Ausbildungslager absolviert hätten«, kommentierte Reno.

Am Nachmittag schloss ich mich den beiden Abendroths sowie Kurt und Hubert an, die die nähere Umgebung genauer erkunden wollten. Während dieses Spaziergangs entdeckte Kurt eine antike Reibschale und diverse Scherben, die darauf schließen ließen, dass das Gebiet vor langer Zeit besiedelt gewesen war. Später stießen wir auf kegelförmige Steinbauten von etwa einem Meter Durchmesser, die den Hirten anscheinend als Schutz für die Jungtiere einer Ziegenherde gedient hatten.

Wir kamen gerade noch rechtzeitig zum Abendessen zurück, das schon wieder aus Fladenbrot und Nudelsuppe bestand. Wegen der Suppe machten wir lange Gesichter – wahrscheinlich der Grund dafür, dass Abdullah Reno und mir am nächsten Vormittag eine große Tüte voller Lebensmittel überreichte, die Schweinefleisch enthielten. In der Tüte befanden sich Fertiggerichte, Dosen mit Würstchen unterschiedlichster Sorten, geräucherter Schinken und eine ganze Salami.

Eins war klar: Seit die Gotteskrieger unsere Kühlschränke ausrangiert hatten, waren die Fertiggerichte denselben Temperaturen ausgesetzt gewesen wie wir selbst. Wir beschlossen deshalb, ein Loch in den sandigen Boden zu graben, etwa einen Meter tief, sodass die Feuchtigkeit des Bodens die Lebensmittel kühl hielt. Das Loch deckten wir mit Zweigen und Sand wieder zu, um später zu beratschlagen, wann und wie die Vorräte verwendet werden sollten.

Auch an diesem Tag machten wir wieder einen Spaziergang, jedoch in Begleitung des jungen Jaffa, der uns, mit einer Kalaschnikow bewaffnet, vor etwaigen Gefahren beschützen sollte. Wir sahen, dass sein Blick angestrengt in die Ferne gerichtet war und den Horizont absuchte. Wen er dort eigentlich vermutete, erfuhren wir nicht.

Auf Nachfragen erzählte er uns immerhin ein wenig über sich. Seine Eltern lebten in Monaco, wo sie ein Restaurant betrieben. Er selbst schien sich eher aus Abenteuerlust als aus politischen Motiven den Gotteskriegern angeschlossen zu haben. Anders als die meisten seiner Kumpane hatte er immer gute Laune und schien das Leben nicht allzu schwer zu nehmen.

»Wenn wir dann endlich wieder nach Hause dürfen, schneiden wir dir deine langen Zöpfe ab und bringen dich zu deinen

Eltern zurück, sonst wird aus dir doch nichts Richtiges mehr«, sagte Kurt lachend auf Arabisch zu ihm. Jaffa lächelte höflich und schwieg. Kurz darauf drängte er uns zur Rückkehr ins Lager.

Nachts war es mittlerweile so warm, dass wir ohne Schlafsack hätten schlafen können, wenn es in der Wüste nicht Tag und Nacht von Mücken gewimmelt hätte. So aber brauchten wir einen Schlafsack, um uns halbwegs vor Stichen zu schützen.

Lediglich Thomas und Hubert benutzten ihren Schlafsack nur als Unterlage. Sie schliefen jede Nacht in einem gelben Iglu-Zelt, in dem sie vor Mücken sicher waren. Auf Weisung des Emirs mussten sie das Zelt allerdings abbauen, sobald es hell wurde, denn seine leuchtende Farbe war weithin viel zu gut sichtbar.

Als ich in dieser Nacht in meinen Schlafsack kroch, kam mir das Lagerleben einigermaßen erträglich vor. Wahrscheinlich lag es daran, dass unsere Entführer ein wenig Vertrauen zu uns gefasst hatten … und wir zu ihnen ebenfalls, überlegte ich kurz vor dem Einschlafen.

Am nächsten Morgen gab es nochmals Reis zum Frühstück – was mich jedoch zu weniger Jubel veranlasste als am Vortag, denn er schmeckte wie zum zweiten Mal aufgewärmt.

Dann winkte der Doc Reno von weitem, zu ihm zu kommen, und ich sah, wie er lange auf ihn einredete.

Als Reno zurückkam, erklärte er der versammelten Mannschaft: »Der Doc will jetzt jeden von euch einzeln verhören. Er braucht genaue Angaben zu eurer Person, zu Familienstand, Beruf und so weiter. Ich glaube, es wäre am besten, wahrheitsgemäß zu antworten und ihm keine Informationen vorzuenthalten. Er sollte allerdings nicht den Eindruck bekommen, dass wir wahnsinnig viel wert sind … wenn ihr versteht, was ich meine.«

Die Befragung durch den Doc dauerte pro Person etwa 15 Minuten. Jeder von uns wurde einzeln zu ihm gerufen und musste seinen Pass mitbringen. Reno übersetzte unsere Antworten auf die Fragen des Doc, und dieser trug sie in arabischer Schrift in eine Art Formular ein, das vor ihm auf einem Brett lag. Auch die Passnummer wurde notiert.

Klar, dass wir den Wert unserer Fahrzeuge herunterspielten und die Summen, die wir verdienten, nicht auf-, sondern abrundeten. Es war ähnlich wie beim Finanzamt. Der Doc nahm erstaunt zur Kenntnis, dass die meisten Fahrzeugbesitzer offenbar zehn Jahre arbeiten mussten, um ihren Wagen zu bezahlen. Dass ich Hausmann war und überhaupt kein Geld verdiente, nahm er kopfschüttelnd zur Kenntnis, machte aber einen entsprechenden Vermerk in meinem Formular.

Als die Befragung endlich beendet war und die Sonne den Zenit längst überschritten hatte, saßen wir alle im Kreis und beschlossen, gemeinsam die Salami zu verzehren, die Reno und ich am Vortag eingegraben hatten. Als die Reihe an mir war, schnitt ich etwa zwei Zentimeter Salami ab und gab die Wurst dann an Reno weiter, der sich ebenfalls ein Stück abschnitt und sie an Gerd Bachmann weiterreichte.

Wir waren in eifrige Gespräche über den Sinn des Verhörs vertieft, deshalb achtete ich nicht genau darauf, was weiter mit der Wurst geschah.

Plötzlich rief Doris Riedel: »Wo ist denn die Wurst? Ich habe noch gar kein Stück davon abbekommen!«

Auch nach längerem Suchen war die Wurst nicht auffindbar. Gegenseitige vorwurfsvolle Blicke und hilfloses Achselzucken auf allen Seiten folgten. Alle schienen über das Verschwinden der Wurst entgeistert zu sein, aber wer sie an sich genommen hatte, ließ sich nicht feststellen.

Womöglich wäre das Ganze in Handgreiflichkeiten ausgeartet, wenn sich nicht in diesem Augenblick der Doc zu Horst gesetzt hätte, um mit ihm eine Diskussion um ihrer beider Lieblingsthema zu beginnen – den Islam. An diesem Tag ging es um die Frage, ob der Islam das Töten von Menschen gestattet. Anders als sonst blieb das Gespräch der beiden dabei nicht sachlich, sondern wurde zunehmend emotionaler. Ich sah, wie der Doc mit großer Heftigkeit auf Horst einredete, und ich erkannte an Horsts Augen, dass sich in ihm immer mehr Spannung anstaute, die keinen Kanal fand. Mehrfach wollte er der Diskussion ein Ende setzen, indem er zunächst vorsichtig, dann abrupt versuchte aufzustehen, aber der Doc war richtig in Fahrt und redete einfach weiter. Erst als Abdullah ihn von weitem rief, stand er schließlich auf und sprach die letzten lauten Worte noch im Weggehen.

Gebannt starrten alle auf Horst, der heftig atmend vor uns saß. »Hat er gesagt, dass der Prophet das Töten von Ungläubigen ausdrücklich gestattet?«, wollte ich wissen. »Vergesst, was ihr gehört habt, sofern ihr es verstanden habt – das war nicht gut, was der Doc gesagt hat … und aus meiner Sicht auch nicht intelligent!«

Mehr erfuhren wir nicht über diese Debatte. Rückblickend betrachtet war ich wohl ganz froh darüber, dass ich die Einzelheiten seiner Rechtfertigungen für das Töten Andersgläubiger nie erfahren habe.

So, wie der ganze Tag bis zu diesem Nachmittag verlaufen war, verspürten wir keine Lust, uns von den Gotteskriegern wieder bekochen zu lassen. Wir fragten unsere Entführer daher, ob wir diesmal unser Essen selbst kochen könnten. Den Muftis schien es ebenso zu ergehen wie uns – freudig händigten sie uns einen großen Kochtopf aus Edelstahl aus und kümmerten sich nicht weiter um unser Treiben.

Ich holte alle Fertiggerichte aus unserem Erdkühlschrank, und Hubert bereitete daraus eine Art Eintopf, nachdem Toni, Thomas und Horst ein Feuer entfacht hatten. Dieser Eintopf sah vielleicht etwas merkwürdig aus, aber er schmeckte uns hervorragend. Gut genug jedenfalls, dass selbst Anke mit Appetit davon aß. Da sie unter uns die Heikelste in puncto Essen war, konnte Hubert das als Kompliment für seine Kochkunst auffassen.

Eigentlich hatte ich nicht vor, an diesem Abend nochmals Kontakt mit einem der Gotteskrieger aufzunehmen. Da uns nach dem Essen aber das Wasser ausgegangen war und jeder noch eine Ration für die Nacht haben wollte, gingen Reno und ich mit den leeren Kanistern zur Lagerstelle der Gotteskrieger, die sich wie wir in einem weiten Kreis am Boden niedergelassen hatten.

Es war der Doc, der uns als Erster in der Dunkelheit kommen sah und uns bedeutete, wir sollten uns neben ihn setzen. Dann winkte er einen der Männer heran und übergab ihm unsere Kanister zum Nachfüllen. Ich fühlte mich ein wenig beklommen neben ihm, denn ich hatte Angst, er könnte mit uns eine ähnliche Debatte beginnen wie mit Horst Abendroth. Es war also eine Art Flucht nach vorn, als ich Reno unvermittelt bat, den Doc zu fragen, welche Lebensumstände ihn zu einem Mitglied der Mudschaheddin hatten werden lassen. An Renos Mienenspiel konnte ich ablesen, dass er meine Frage zu diesem Zeitpunkt nicht gerade passend fand, aber schließlich übersetzte er, nicht ohne den Doc mit Gesten darauf hinzuweisen, dass ich der fragende Quälgeist war und nicht er.

Zu meiner Überraschung antwortete der Doc in großer Ernsthaftigkeit, indem er die Augen nicht auf Reno, sondern direkt auf mich gerichtet hielt. Durch Renos Übersetzung erfuhr ich, dass der Doc als Heranwachsender eines Abends seinen Vater tot in einer Blutlache vorgefunden hatte und daraufhin sofort geflohen war, damit die Angreifer ihn nicht ebenfalls erwischten. Jahre später heiratete er und wurde Vater. Doch eines Tages kam er nach Hause und fand Frau und Kind tot in einer Blutlache liegen. Wieder floh er und heiratete Jahre später noch einmal. Als er auch diese Frau eines Tages ermordet im Haus vorfand, flüchtete er sich zu den Mudschaheddin und schwor bittere Rache.

Ich sah, dass Reno ziemlich erschöpft vom Übersetzen dieser Geschichte war, die der Doc mit verhaltener Leidenschaft erzählt hatte. Ich selbst war unfähig, irgendeinen passenden Kommentar abzugeben oder mein Mitgefühl auszudrücken. Dann hörte ich den Schlusssatz des Doc: »Die Militärs haben mir ein normales Leben unmöglich gemacht. Nun bin ich bereit, mein Leben zu geben, um sie zu bekämpfen!«

Ich nickte stumm. Seine dunklen, glitzernden Augen sprachen Bände. Er kam mir vor wie die Wüste selbst, die nur heiß und kalt kennt, ja oder nein, leben oder sterben. »Danke, dass du uns deine Geschichte erzählt hast«, sagte ich tonlos. »Ich glaube, wenn mir so etwas widerfahren wäre, täte ich das Gleiche wie du.« Nun war es an ihm, stumm zu nicken. Als Reno und ich uns schließlich die beiden gefüllten Wasserkanister griffen und uns zum Gehen wandten, verfolgten die glühenden Augen des Doc jeden unserer Schritte.

Wir ahnten nicht, dass wir ihn und den Emir nicht mehr wiedersehen würden.

◆ ◆ ◆

Ich hatte mir angewöhnt, jeden Tag noch einmal vor meinem geistigen Auge Revue passieren zu lassen, sobald ich in meinem Schlafsack lag. Dieser Schlafsack wurde für mich in der Zeit der Gefangenschaft zum Flucht- und Rückzugspunkt innerhalb einer Gemeinschaft, die tagsüber meist volle Aufmerksamkeit forderte und keinen Raum für die Intimsphäre des Einzelnen ließ. Mehr noch als den Rückzug von der Gemeinschaft der Geiseln ermöglichte mir der Schlafsack, mich von den Gotteskriegern abzusetzen, die mit ihren Ritualen, Gewohnheiten und Sachzwängen die Dynamik innerhalb unserer Gruppe dominierten.

Hatte ich am Abend zuvor noch in der Vorstellung geschwelgt, dass das gegenseitige Vertrauen wuchs und wir Geiseln deshalb nicht jederzeit darauf gefasst sein mussten, von unseren Entführern ermordet zu werden, so stand mein Gefühl am diesem Abend schon wieder Kopf. Einzelne Details standen unvereinbar nebeneinander:

Das Verhör am Vormittag hatte gezeigt, dass die Gotteskrieger den Wert jedes Gefangenen kühl kalkulierten. Die Debatte zwischen Horst und dem Doc, deren Einzelheiten an den meisten von uns vorbeigegangen waren, hatte nicht nur bei mir ein Gefühl der Beklemmung hinterlassen. Sie hatte uns die Möglichkeit vor Augen geführt, dass die fundamentalistische Ideologie der Gotteskrieger jede menschliche Regung überlagerte. Die Biografie des Doc, so wie er sie Reno und mir an jenem Abend geschildert hatte, illustrierte auf ebenso beklemmende Weise die Unerbittlichkeit, mit der die

Entrechteten sich nun aufgerufen fühlten, ihre Ziele zu verfolgen.

Schließlich und endlich kamen aber auch wir Geiseln nicht aus einer Kultur, in der Friede, Freude und Eintracht das tägliche Miteinander bestimmten. Das rätselhafte Verschwinden der Salami zeigte deutlich, dass wir jemanden unter uns hatten, der nicht bereit war, in dieser ausweglosen Lage alles zu teilen.

Solche gegenseitigen Verdächtigungen und Vorwürfe waren wirklich nicht das, was wir hier gebrauchen konnten.

Wo um Himmels willen war ich bloß gelandet?! Würde ich in der Lage sein, mir in dieser spannungsgeladenen Atmosphäre meine innere Aufrichtigkeit zu bewahren? Oder würden wir uns am Ende alle gegenseitig zerfleischen und über einer Salami vergessen, dass die Gotteskrieger bereit waren, uns ans Messer zu liefern, falls das geforderte Lösegeld nicht gezahlt wurde?

Trotz der Mücken, die meinen Schlafsack umschwirrten, kroch ich in dieser Nacht wieder nach draußen und starrte in den Sternenhimmel, bis mein übervoller Kopf allmählich einen Gedanken nach dem anderen fallen ließ.

◆ ◆ ◆

Ich hatte gehofft, noch ein paar Tage an diesem Platz verbringen zu können, um meine Gefühle und Gedanken zu ordnen. Doch der nächste Morgen begann gleich nach dem Aufstehen mit einer Menge Wirbel im Lager, der auf eine baldige Abreise schließen ließ. Allerdings dauerte es wie immer noch Stunden, bis alles Gepäck auf den Dächern befestigt und eine grobe Sitzordnung festgelegt war. Uns blieb nichts anderes übrig, als nach dem Frühstück in kleinen Gruppen herumzustehen und dem chaotischen Treiben der Gotteskrieger zuzusehen.

»Habt ihr den Doc und den Emir gesehen?«, fragte ich Hubert und Thomas und erfuhr, die beiden seien gleich nach dem Frühstück aufgebrochen.

In diesem Moment kam Ingo auf mich zu und zupfte mich am Ärmel meines T-Shirts. »Gab's bei der letzten Fahrt Ärger mit Reno?«

»Nein, er kommt mir mittlerweile ganz umgänglich vor«, gab ich zurück.

»Interessant …« Ingo schien etwas loswerden zu wollen.

»Erzähl schon!«, forderte ich sofort. »Hat es wieder Stunk gegeben?«

Ingo grinste verhalten. »Hast du gesehen, welche Hose Reno trägt?«

»Hab nicht drauf geachtet – warum?«

»Der hat sich seine edle Fjäll Räven wieder organisiert! Und weißt du auch wie?«

»Sag schon!«

»Er gibt den Muftis jetzt Unterricht, wie man ein Notebook bedient. Er hat ausgehandelt, dass er dafür seine Hose und seine Filme wiederbekommt!«

»Komisch – mir hat er nichts davon erzählt.«

Ingo sprach nun mit gedämpfter Stimme: »Wir wissen das auch nur von Stanglmeier – der hat den Deal zufällig mitgekriegt.«

»Kann dieser Mensch – ich meine Reno – nicht mal ein bisschen sozial denken?!«

Ingo warf mir einen bedeutungsvollen Blick zu. »Wenn er das könnte, hätte er keine blauen Flecken am Hals!«

»Was soll das nun wieder heißen?«

»Weißt du etwa nicht, dass Toni Reno an die Gurgel gegangen ist?«

»Ich scheine eine Menge nicht mitzubekommen ...«

Ingo holte tief Luft, ehe er ausholte: »Hör zu – das war im Auto, kurz nachdem die Gazelle geschossen wurde. Reno klopft mal wieder Sprüche, du weißt schon – dass seine Freundin Stoiber kennt und sicher schon der halbe Staatsapparat an unserer Befreiung tüftelt –, und Toni sagt, jetzt mach aber mal halblang, du Pfeife. Reno ist beleidigt und macht sich einfach breit im Auto – legt sich auf der kleinen Fläche der Länge nach hin, sodass Anke und Eva keinen Platz mehr zum Sitzen haben. Da rastet Toni plötzlich aus, packt ihn am Hals und würgt ihn.«

Ich konnte kaum fassen, was ich da zu hören bekam. »Und dann?«, fragte ich atemlos.

»Reno wurde schon blau im Gesicht, da dreht sich einer der Muftis, der alles im Rückspiegel gesehen hat, um. Er zeigt auf seine Kalaschnikow und macht Toni klar, dass er ihm gleich eins überbraten wird, wenn er nicht sofort loslässt.«

»Verstehe ... Reno hat sein Leben also einem Mufti zu verdanken.«

Ingo grinste. »Mal sehen, ob er sich dafür erkenntlich zeigen wird!«

Noch bevor es Mittag wurde, ging es mehr oder weniger in der alten Sitzordnung endlich los, und zwar zurück über den von uns freigelegten Streckenabschnitt und dann weiter in östlicher Richtung, hinauf in die Berge.

Nach einigen Stunden passierten wir auf einer Hochebene eine seltsame Gesteinsformation seitlich unseres Weges, nämlich vier etwa einen Meter hohe Felsbrocken, die zu einem

Viereck angeordnet waren – eine Art Bauwerk, das offensichtlich von Menschenhand errichtet worden war.

Anscheinend befanden sich dort Lebensmittelvorräte von Beduinen, denn wir sahen unsere Gotteskrieger mehrere Säcke von dort in unsere Fahrzeuge schleppen.

»Habt ihr mir nicht erzählt, dass ihr keine Räuber seid?«, erinnerte Kurt die Männer, die die Säcke gerade in Gerd Bachmanns Toyota wuchteten.

Diese sahen Kurt entrüstet an. »Wir haben Geld hinterlassen!«, versicherten sie ihm.

Doch Kurt ließ nicht locker. »Was sollen die Beduinen mit eurem Geld, wenn sie Hunger haben?«, beharrte er.

»Wir haben für sie noch etwas übrig gelassen«, beruhigten die Gotteskrieger Kurt lachend und stiegen wieder in ihr Fahrzeug.

Es war schon lange dunkel, und wir fuhren immer noch. Erst gegen zehn Uhr abends stoppte der Konvoi. Es war klar, dass uns wieder eine Nacht mit nur wenigen Stunden Schlaf neben den Autos bevorstand. Erst gegen Mitternacht gab es Brei zu essen. Zu diesem Zeitpunkt war ich schon so müde, dass ich kaum noch Hunger verspürte.

Als wir am nächsten Nachmittag bereits die vierte Hochebene dieses Tages passierten, waren wir schon wieder elf Stunden unterwegs, nur von kurzen Pausen unterbrochen. Ich dämmerte in einer Art Halbschlaf vor mich hin, als der Konvoi zum Halten kam und Abdullah unvermittelt das Ende der Fahrt verkündete.

Mit unserem Gepäck unter dem Arm folgten wir Djedet zu einer steil abfallenden Felswand, die Teil eines Felskessels war, in den wir nun hinabblickten. Vor uns tat sich ein schwarzes Loch auf, das an der schmalsten Stelle etwa 20 Meter breit war. An der uns gegenüberliegenden Seite öffnete sich der Kessel in eine mit Felsen übersäte Ebene hinein. Das dunkle Gestein der Felswände verlieh dem Ort eine bedrohliche Ausstrahlung, die mir direkt in die Magengrube fuhr. Ich wollte mich setzen, doch Djedet wies mit seiner Kalaschnikow nach unten. Wir starrten ihn entgeistert an, aber er forderte unerbittlich: »*Allez, allez!*«

Der Abstieg erwies sich als beschwerlich, da wir wegen des Gepäcks beim Abwärtsklettern schlecht die Balance halten konnten. Erst nach zehn Minuten kamen wir auf dem ersten Felsabsatz an, auf dem sich eine kleine Wasserstelle befand. Daneben hätten wir gern unser Lager aufgeschlagen, doch Djedet zeigte wiederum nach unten zum Boden des Kessels.

Als wir schließlich dort unten ankamen, wäre ich am liebsten in Tränen ausgebrochen. Wir waren an drei Seiten von hohen, dunklen Felsen umgeben, die drohend gen Himmel ragten.

Zum ersten Mal fühlte ich bis in die letzte Faser meines Körpers, was es bedeutete, *gefangen* zu sein.

KAPITEL 6

SO ETWAS WIE EIN ALLTAG

5. April – 15. April

An jenem 17. Tag unserer Gefangenschaft erwachte ich morgens mit einem Stein im Magen. Wenn ich zu dem Zeitpunkt gewusst hätte, dass wir 25 Tage in diesem Felsloch verbringen würden, dann wäre ich womöglich in abgrundtiefe Verzweiflung verfallen und hätte die Hoffnung auf Überleben mehr oder weniger vollständig begraben.

Dieser erste Tag begann wie viele andere, doch er leitete ein neues Stadium unserer Gefangenschaft ein – eines, in dem wir alle ein Stück weit auf uns selbst zurückgeworfen wurden. Nach der ereignisreichen Zeit, die hinter uns lag, hatten wir nun Gelegenheit, das Erlebte noch einmal Revue passieren zu lassen – mehr Gelegenheit, als uns lieb war.

Aus der Sicht der Gotteskrieger mag das Felsenwadi, in dem wir uns nun befanden, ideal gewesen sein. Das Hochplateau, von dem aus wir in den Kessel hinabgestiegen waren, lag im Westen. Dort oben hatten unsere Entführer die Fahrzeuge unter Büschen versteckt oder mit Steinen und Lehm getarnt, sodass sie aus der Luft, ja selbst aus nächster Nähe nicht zu erkennen waren.

Das Lager der Gotteskrieger lag zwei Felsabsätze über dem Kesselboden. Von dort aus hatten sie uneingeschränkte Sicht über unseren Lagerplatz. Wir hingegen konnten auch nach Osten hin, wo sich der Kessel öffnete, das Gelände nicht überblicken, denn zwischen den hohen Felswänden versperrten Gesteinsbrocken unterschiedlicher Größe und Höhe die Sicht. Das gesamte Terrain war nur vom Plateau aus zu überschauen, doch so hoch durften wir nicht hinaufsteigen.

Hubert und ich hatten nach dem Aufstehen einen Versuch unternommen, seitlich unseres Schlafplatzes etwa 40 Meter nach oben zu klettern, waren aber von einem dort postierten Gotteskrieger sofort wieder nach unten kommandiert worden – nicht nur weil unsere Entführer die Stelle als Toilettenplatz auserkoren hatten, sondern insbesondere um zu verhindern, dass wir uns womöglich bei umherstreifenden Beduinen oder Militärs bemerkbar machten.

Immerhin war es Hubert und mir an jenem Morgen gelungen, von oben einen kurzen Blick auf unser Lager zu werfen. Aus unserer Sicht hatten wir uns den günstigsten Schlafplatz ausgesucht: eine Stelle am äußersten östlichen Rand jener Zone, die die Gotteskrieger uns zugewiesen hatten. Dort war die Schlucht etwa 50 Meter breit, sodass wir von den eng stehenden Felswänden optisch nicht völlig erdrückt wurden. Da der Boden leicht abschüssig war, hatten wir etwas Sand aufgeschüttet. So hatten wir in dieser ersten Nacht an unserem neuen Lagerplatz leidlich gut geschlafen.

Gerd Bachmann und seine Tochter Leni hatten im so genannten Dom ihr Lager errichtet – zwischen zwei schräg aneinander lehnenden riesigen Felsquadern, die einen sich nach oben verjüngenden Hohlraum bildeten.

Noch an diesem ersten Vormittag sollte der ›Dom‹ eine weitere Funktion erhalten, die Leni und Gerd Bachmann in unregelmäßigen Abständen mehr Besuch bescherte, als ihnen womöglich lieb war.

Reno und Kurt hatten sich schräg oberhalb des Schlafplatzes, den Hubert, Thomas und ich belegt hatten, auf einem

Felsabsatz eingerichtet. Die Übrigen lagen verteilt auf der etwa 20 bis 30 Meter breiten Fläche unterhalb des Mufti-Lagers.

Auch die Gotteskrieger waren seit dem vorangegangenen Nachmittag, an dem wir angekommen waren, nicht untätig geblieben. Sie hatten sich oberhalb unseres Lagerplatzes auf dem ersten Felsabsatz – dem mit der Wasserstelle – in kleineren, durch mannshohe Steinwälle geschützten Felsnischen eingenistet, die von unten betrachtet wie Krähennester aussahen. Auf dem Platz selbst befand sich in der Nähe der von einigen Büschen umstandenen Wasserstelle auch die Kochstelle, wo die Mahlzeiten für uns und die 15 nun noch verbliebenen Gotteskrieger bereitet wurden. Acht Mudschaheddin waren anscheinend gemeinsam mit dem Emir und dem Doc bereits nach dem Aufbruch vom letzten Lagerplatz in eine andere Richtung verschwunden.

Dass es bald Frühstück geben würde, erkannten wir nicht nur an der Rauchsäule, die vom Lagerplatz der Gotteskrieger aufstieg, sondern vor allem an einem uns nun schon vertrauten Geräusch: einem rhythmischen »Klong-klong«. Der Gotteskrieger, der jeweils Küchendienst schob, rührte mit einem Skistock in einer rechteckigen Alu-Kiste, die zu unserer Ausrüstung gehört hatte, den obligatorischen Grießbrei an.

An jenem Morgen war Jaffa für das Frühstück zuständig. Anstatt uns aber die Kiste mit Brei einfach hinunter zu reichen, kam er selbst hinterher und beobachtete, wie wir den Brei in die bereitgestellten Blechnäpfe verteilten. Wir hatten bereits am Vortag zwei niedrige, flache Felsen als Tische auserkoren. An dem größeren saßen Horst und Christian Abendroth, Hubert, Thomas, Andi und ich, während der Rest der

Mannschaft um den kleineren herum lagerte. An diesem Morgen gab es außer Brei auch Tee – leider ein seltener Genuss beim Frühstück. Wie mir schien, verbrauchten die Muftis den Tee nämlich hauptsächlich für sich selbst, da sie ihn auch in kleinen Flaschen als Ration für untertags mit sich herumtrugen. Wenn sie überhaupt Tee an uns ausschenkten, bekam jeder nicht mehr als ein Schnapsglas voll von dem dunkelbraunen, bittersüßen Getränk.

Jaffa achtete argwöhnisch darauf, dass die Frauen bei der Essensverteilung nicht nur gleich behandelt, sondern sogar begünstigt wurden. Ihm hatte es insbesondere Doris angetan, die ihn wohl an seine Mutter in Monaco erinnerte. Um seiner Sympathie Ausdruck zu verleihen, steckte er ihr immer wieder mal eine Extraration Essen zu.

Wir hatten das Frühstück gerade beendet, als Abdullah von oben vernehmlich »Camouflage!« brüllte. Als er das Wort zum zweiten Mal nach unten schrie und dabei unmissverständlich in Richtung Dom wies, begriffen wir und rannten los – ohne zu wissen, warum wir uns eigentlich verstecken sollten. Ein verdächtiges Geräusch war zu diesem Zeitpunkt weit und breit nicht zu hören.

Da unsere Schlafsäcke und Matratzen noch herumlagen, musste zunächst jeder seine Sachen in Felsspalten verstecken, bevor die Kletterei über die Felsbrocken beginnen konnte, die sich zwischen den ›Tischen‹ und dem Dom befanden.

Der Hohlraum zwischen den beiden Felsen, den Leni und ihr Vater bewohnten, erwies sich als ziemlich weiträumig. Jedenfalls passten wir 17 Personen ohne Mühe in diese Art Bunker hinein, in dem wir auch bei den später noch folgenden Fliegeralarmen jeweils etwa eine halbe bis eine Stunde verbringen mussten.

An jenem Vormittag, an dem uns ein herannahendes Flugzeug zum ersten Mal in das Felsen-Versteck nötigte, saßen wir allerdings anderthalb Stunden darin herum, denn weder wir noch die Gotteskrieger wussten, ob noch weitere Flugzeuge folgen würden. Die sich nähernde Propellermaschine hörten wir erst zehn Minuten nachdem wir in den Dom geflüchtet waren.

Die meisten von uns wären am liebsten nach draußen gerannt, um sich bemerkbar zu machen, aber Djedet, der uns bewachte, machte uns unmissverständlich klar, dass wir von einem Suchflugzeug nichts Gutes zu erwarten hätten. Wären wir erst einmal gesichtet worden, so käme bald darauf das Militär, um uns zu befreien. Den Militärs sei es aber egal, ob ihre Kugeln Terroristen oder Touristen träfen, denn jeder Tote bedeute für die Soldaten ein Problem weniger.

Wir nahmen Djedets Darstellung zwar durchaus ernst, hatten allerdings auch unsere Zweifel daran. Uns war klar, dass die Gotteskrieger eine Story wie diese brauchten, damit wir uns freiwillig versteckten. Andererseits konnten wir die Gegner unserer Entführer nicht gut genug einschätzen, als dass wir Djedet überhaupt keinen Glauben geschenkt hätten.

Wir hörten, dass das Flugzeug unser Felsental überflog, aber auf dem kleinen Himmelsausschnitt, der vom Inneren des Doms aus zu sehen war, zeigte es sich nicht. Trotzdem saßen wir noch eine gute Stunde lang in der Höhle, bevor wir wieder nach draußen durften. In dieser Zeit rätselten Horst, Kurt, Reno und ich, wie die Gotteskrieger gewusst haben konnten, dass ein Flugzeug kam, noch bevor in der Ferne ein Geräusch zu hören war.

Wir vermuteten, dass auf den umliegenden Plateaus einige Späher mit Feldstechern postiert waren, die unsere Bewacher durch Rufen oder Lichtzeichen alarmierten, sobald sie etwas sichteten.

Als wir schließlich wieder ins Freie durften, bemerkten wir bereits eine Rauchsäule, die aus dem Lager der Muftis aufstieg – offenbar würde es bald Mittagessen geben.

»Sie scheinen zu wissen, dass jetzt kein Flugzeug mehr kommt, sonst wären sie vorsichtiger«, kommentierte Horst.

Dass es wie zum Frühstück nur Brei gab, nahm ich diesmal klaglos hin, denn Abdel Hak, der Vertreter des Emir, der nun das Oberkommando über die Truppe hatte, teilte uns vor dem Essen mit, dass wir später einen Spaziergang zu ein paar Gueltas am Talausgang machen könnten.

Diese Aussicht versetzte insbesondere mich in Hochstimmung. Ich brannte darauf, der Enge des Felskessels wenigstens für einige Zeit zu entrinnen. Die anderen schienen keine derartigen Anflüge von Klaustrophobie zu erleben – jedenfalls beteiligten sich nur neun Personen an dem Gang zu den Gueltas. Die Übrigen hatten keine Lust, in der Mittagshitze über die Felsbrocken zu klettern. Sie zogen es vor, ihre mittlerweile nachlassenden körperlichen Kräfte nach Möglichkeit zu schonen.

Die Schönheit der Gueltas, die etwa anderthalb Kilometer entfernt lagen, übertraf meine Erwartungen bei weitem. Wir fanden sechs Becken unterschiedlicher Größe vor – Höhlungen, die sich im Laufe der Jahrtausende durch herabplätscherndes Regenwasser im Felsgestein gebildet hatten. Darum herum standen wenige, dafür aber umso malerischer wirkende Akazienbüsche.

Das größte Guelta, das einen Durchmesser von gut 13 Metern hatte, erklärten wir zu unserem Swimming-Pool, in dem man baden, sich jedoch nicht einseifen durfte. Das etwas kleinere bestimmten wir zum Trinkwasser-Reservoir, dem auch das Wasser zum Waschen mit Seife oder Shampoo entnommen werden durfte. Waschen und Einseifen sollten allerdings nur auf den umliegenden Felsen mit Wasser aus Kanistern erfolgen.

Da wir mittlerweile wussten, wie dramatisch Wasserknappheit sich auswirken konnte, wollten wir diese natürlichen Wasservorräte nicht unnötig verschmutzen und damit ungenießbar machen.

Jaffa, der uns zu den Wasserstellen geführt hatte, teilte uns die Baderegeln mit: Frauen, Paare und Männer sollten jeweils gesondert baden, denn es war erlaubt, sich ohne Bekleidung im großen Becken aufzuhalten. Ich konnte es gar nicht erwarten, bis wir Männer an der Reihe waren – allzu lange hatte ich Wasser in diesen Mengen nicht gesehen. Seit wir die Grenze zu Algerien überschritten hatten, war mein Körper nicht mehr in so viel Wasser eingetaucht!

Das etwa 25 Grad warme Wasser reichte mir bis zum Bauch und belebte meinen Geist und Körper in jeder Hinsicht. Offensichtlich ging es nicht nur mir so, denn ich beobachtete auf allen Gesichtern ein seliges Grinsen.

Als wir uns nach zwei Stunden wieder auf den Heimweg machen mussten, trottete ich nur widerwillig mit – ich hätte bis zur Dunkelheit an den Gueltas ausharren können!

Auf dem Rückweg ins Lager beobachteten wir zum ersten Mal jene niedlich aussehenden Nagetiere, die sich bevorzugt in Felswänden aufhalten und in der Landessprache Gundis heißen. Auf Deutsch nennt man sie Klippenschläfer. Ihr Aussehen ähnelt dem eines Meerschweinchens. Flink und behände wie sie sind, können sie sich an einer Felswand in jeder Richtung bewegen. Erstaunt stellten wir fest, dass diese putzigen Pelzknäuel von der Größe eines Bibers kaum Scheu vor Menschen zeigten und sich uns bis auf wenige Meter näherten.

Zurück im Lager, sahen wir schon von weitem, dass Abdullah auf Gerd Bachmann einredete. Da Bachmann kein Französisch verstand, musste der Gotteskrieger sich in gebrochenem Englisch mit ihm verständigen.

Beim Abendessen fragten wir Bachmann, ob Abdullah mal wieder einen seiner Bekehrungsversuche unternommen habe, vor denen kein Mann aus unserer Gruppe verschont blieb.

Bachmann verzog das Gesicht. »Er will mir den Islam damit schmackhaft machen, dass im Moslem-Himmel angeblich 70 Jungfrauen auf mich warten … eine schöner als die andere, versteht sich. Er meint, dass dieses Paradies für mich wie gemacht sei – kein Schweinefleisch, kein Alkohol, keine Zigaretten …«

»Schöne Aussichten«, kommentierte Horst. »Wirst du übertreten?«

Bachmann nickte bedächtig. »Ich hab ihm versprochen, Muslim zu werden – aber erst nach meiner Freilassung!«

Neben den Fliegen, die in Schwärmen unseren Tisch belagerten, zeigte sich dort gerade zum zweiten Mal ein Gecko, der an den Fliegen, die sich auf dem Tisch tummelten, interessiert war. Ich mochte das vorwitzige Tier ganz gern und verfolgte mit den Augen jede seiner Bewegungen.

Jaffa, der an einem Felsen lehnte, sprang mit einem Satz zum Tisch und versuchte, den Gecko töten.

»Warum gehst du auf den Gecko los und nicht auf die Fliegen?«, fragte ich ihn. »Die Fliegen sind Geschöpfe Allahs, aber der Gecko nicht!«, erklärte er mir.

»Warum?«, fragte ich, denn nach meiner Logik hätte es umgekehrt sein müssen. Aber Jaffa zuckte nur die Achseln.

»Allah ist groß!«, verkündete er lächelnd, als seien damit alle Fragen beantwortet.

An diesem Abend gehörte ich zu den Letzten, die den Tisch verließen. Es war reichlich mühsam, nach Einbruch der Dunkelheit seinen Schlafsack und Schlafplatz zu suchen, denn je nach dem Stand des Mondes konnte man im Dunkeln nicht mal die Hand vor Augen sehen. Als ich gemeinsam mit Thomas und Hubert den Weg über die Felsen bewältigt hatte und in einer Felsspalte nach meinem Schlafsack kramte, fragte ich mich, wann wohl das nächste Flugzeug über das Tal fliegen würde. Bislang hatten wir noch nicht einmal Gewissheit, dass wir überhaupt gesucht wurden.

◆ ◆ ◆

Obwohl uns niemand gesagt hatte, wie lange wir in diesem Felskessel bleiben würden, richteten wir uns allmählich auf einen längeren Aufenthalt ein. An einem der folgenden Tage baute Reno eine Sonnenuhr, indem er einen Holzstab schräg zwischen die beiden Felsquader des Doms klemmte. Wir markierten im Sand die Stelle, auf die der Schatten fiel, und fragten Djedet nach der Uhrzeit. Es war zehn Uhr vormittags. Nachdem wir später die Stelle für zwölf Uhr markiert hatten, konnten wir zwischen zehn und zwölf auch die elf eintragen. Im Lauf eines Tages hatten wir alle nötigen Markierungen vorgenommen und brauchten von da an die Gotteskrieger nicht mehr nach der Uhrzeit zu fragen.

Die Uhr half uns, die gleichförmigen Tage zu strukturieren. Zu den wichtigsten Ereignissen jedes Tages wurden die drei Mahlzeiten, obwohl es in den ersten Tagen immer nur ungesüßten Brei gab – ein klares Anzeichen dafür, dass die Vorräte langsam zur Neige gingen. Wir hatten unsere Notreserven an Lebensmitteln – nämlich jene Konserven, die wir am vorigen Lagerplatz in einem Erdloch kühl gehalten hatten – immer noch nicht angetastet, denn wir waren übereingekommen, erst davon zu essen, wenn wir drei Tage lang nicht von den Gotteskriegern mit Nahrung versorgt würden.

Unsere Mägen hatten sich durch die eintönige und nicht gerade reichliche Verpflegung um die Hälfte verkleinert, sodass wir von weitaus weniger Nahrung satt wurden als früher. Anke musste nach wie vor gut zugeredet werden, damit sie überhaupt etwas aß. Sie war schon vor dem Überfall sehr dünn gewesen, aber nun war sie nur noch Haut und Knochen. Selbst der kurze Weg von ihrem Schlafplatz zum Tisch fiel ihr schwer, so sehr hatten ihre Kräfte nachgelassen. Auch Eva aß weniger als die anderen, doch im Gegensatz zu Anke hatte sie genügend Körpermasse, um davon zehren zu können.

Dennoch begann ich in jenen Tagen, mir Sorgen um Eva zu machen. Niemals sah ich sie in einer größeren Runde sitzen und diskutieren. Meist blieb sie abseits jeglicher Gruppenaktionen, und wenn ich sie mal mit jemandem sprechen sah, waren es entweder Anke oder die Riedels, meistens aber Toni, der ohnehin nur selten von ihrer Seite wich.

»Ich habe das Gefühl, dass du dich zu sehr aus allem raushältst, Eva«, sagte ich deshalb an einem dieser Tage zu ihr. »Vielleicht täte es dir gut, nach dem Essen mal bei uns sitzen zu bleiben und mit zu diskutieren. Warum warst du noch nie unten bei den Gueltas? Es ist traumhaft dort, das kannst du mir glauben!«

Eva sah mich erstaunt an. »Leider ist die Wunde in meinem Rücken noch nicht so verheilt, dass ich mir die Kletterei über die Felsen schon zutraue. Und baden könnte ich damit ja sowieso noch nicht.«

»Entschuldige, ich … womöglich wir alle … vergessen hin und wieder, dass du immer noch verletzt bist. Man merkt dir nur selten etwas an.«

Eva zuckte die Achseln. »Warum soll ich viel Aufhebens davon machen? Das würde doch nichts ändern.«

»Sag mal, du bekommst wohl gar nicht mit, was alles diskutiert wird? Mittlerweile sind Suchflugzeuge unterwegs! Das könnte bedeuten, dass wir bald befreit werden!«

Eva warf mir einen zweifelnden Blick zu. »Ich weiß, dass viel geredet wird – gerade an eurem großen Tisch! Heute redet ihr dies, morgen das Gegenteil … Warum soll ich mich damit belasten?«

»Wir versuchen halt, die Situation in den Griff zu bekommen! Deshalb sprechen wir mit den Muftis und diskutieren dann untereinander darüber. Wir sind sicher, dass bald etwas geschehen wird!«

»Fragt sich nur, was!«

»Ich verstehe ja, dass du Angst hast – nach allem, was du durchmachen musstest!«

»Nein, Harald, ich hab keine Angst! Ich hab die Schussverletzung doch nicht überlebt, damit ich jetzt sterbe! Ich freue mich über jeden Tag, an dem es mir ein wenig besser geht und die Wunde sich nicht entzündet. Ich hab einfach keine Lust, mich an eurem ständigen Hin und Her zu beteiligen. Mal ist die Stimmung euphorisch, dann wieder gedrückt, je nachdem, was euch gerade so durch den Kopf geht. Mich nervt das! Ich freue mich über die Fortschritte, die meine Gesundheit macht. Das bedeutet für mich jeden Tag ein kleines Stück Freiheit mehr! Tut mir Leid, Harald, aber alles andere interessiert mich nicht!«

Ich war sprachlos. Eva war richtig in Fahrt geraten und hatte mir ganz nebenbei einen Spiegel vorgehalten. So anders sah sie also unsere Diskussionen – als unfruchtbares Gerede, das sie nur gehindert hätte, sich auf ihre Genesung zu konzentrieren!

»Ich verstehe deine Haltung, Eva!«, versicherte ich ihr. »Danke, dass du dich so klar ausgedrückt hast. Ich … wir alle finden, dass du eine sehr tapfere Frau bist!«

Als ich schließlich davontrottete, hatte ich ein blödes Gefühl im Bauch. Ich spürte, dass Eva Recht hatte. Gleichzeitig war mir aber auch klar, dass unser Debattierclub, der hauptsächlich aus Horst, Kurt, Reno, Hubert und mir bestand, eine wichtige Funktion erfüllte: das Aufarbeiten der dürftigen und oft auch widersprüchlichen Informationen, die die Gotteskrieger uns in kleinen Brocken vor die Füße warfen. Aber brachte uns das tatsächlich etwas? Wenn Eva Recht hatte, dann hätten wir unsere Tischgespräche ebenso gut auf das ohnehin fast gleichbleibende Wetter beschränken können …

An diesem Tag beschloss ich, den ewig sich im Kreis drehenden Gesprächen über unsere Lage bei nächster Gelegenheit eine andere Wendung zu geben.

◆ ◆ ◆

Die Gleichförmigkeit der Tage, die wir nun durchlebten, macht es schwer, im Rückblick Einzelheiten zeitlich richtig einzuordnen. An einem jener Tage kam Jaffa und verteilte an alle eine große Portion getrockneter Datteln. Jeder bekam so viele, wie in zwei hohle Hände gerade noch hineinpassten.

Ich beschloss, mir die kostbaren Früchte gut einzuteilen. Jede Einzelne kostete ich endlos aus, bis auch der Kern in einzelne Fasern zerfiel. Dennoch hatte ich die Datteln nach vier Tagen vertilgt, während disziplinertere Personen wie Anke, Eva und Gerd Bachmann es schafften, täglich nur eine Dattel zu verzehren.

Auf meine Verdauung wirkte sich mein Essverhalten jedenfalls recht günstig aus. Unsere einseitige und karge Ernährung hatte es nämlich mit sich gebracht, dass mein Darm kaum noch etwas fand, das er ausscheiden konnte.

Ungefähr in diesem Zeitraum geschah es, dass unerwartet Regen niederging. Es war nur ein feines Nieseln, das nicht länger als zehn Minuten andauerte und die sandigen Flächen gerade so benetzte, dass eine dünne Kruste an der Oberfläche entstand. Dennoch empfand ich diesen Regen als ein außergewöhnliches Ereignis, das eine Zäsur im Zeitablauf darstellte.

Während Evas Schusswunde allmählich verheilte, kämpften Horst, Kurt und einige andere einen zähen Kampf gegen eiternde Wunden, die aus entzündeten Mückenstichen oder anderen kleineren Verletzungen entstanden waren. Da sich immer wieder Fliegen auf die offenen Wunden setzten, mussten die Stellen mit Fetzen von zerrissenen Kleidungsstücken verbunden werden, denn Verbandmaterial und Pflaster gab es nicht mehr.

In Huberts und Thomas' Ausrüstung fand sich Talkum-Puder, den die beiden beim Bergsteigen für ihre Hände benutzten, um am Seil nicht abzurutschen. Dieser weiße Puder erwies sich als hilfreich zum Austrocknen der offenen Wunden, die sich bei Horst sogar bis auf die Knochen durchgefressen hatten.

Ich konnte mich glücklich schätzen, bislang von solchen Problemen verschont geblieben zu sein. Bis auf die Harnwegsentzündung, die mithilfe des Medikaments aber schnell

wieder verschwunden war, hatte ich noch keine Schwierigkeiten mit meiner Gesundheit gehabt. Abends vor dem Einschlafen versuchte ich, meinen Körper darauf zu program-
mieren, auch weiterhin jede Krankheit abzuwehren.

◆ ◆ ◆

Etwa vier Tage nach unserer Ankunft im Felsenkessel hörten
wir eines Vormittags zwei Schüsse auf dem Hochplateau.
Mein erster Gedanke war, dass nun unsere Befreiung begann.
Doch wenig später wurde die Hoffnung wieder zunichte –
wie sich herausstellte, hatten die Schüsse zwei Gundis gegol-
ten, die der stolze Jäger nun ins Lager brachte. Immerhin hatte er diesmal jedes Tier mit einem einzigen Schuss erledigt!

An diesem Abend schwammen in unserem täglich flüssi-
ger werdenden Grießbrei Fleischbrocken herum, die so wi-
derlich schmeckten, dass Toni, Anke und Eva sich weigerten,
davon etwas zu essen. Wir anderen würgten mehr oder weniger daran herum und hofften, dass der Brei zum Frühstück
wieder ohne Fleischeinlage serviert würde.

In jener Nacht hörten wir zum zweiten Mal ein Flugzeug
über unser Tal fliegen. Da es dunkel war und man uns ohnehin nicht sehen konnte, brauchten wir aber nicht in Deckung
zu gehen, sondern konnten in unseren Schlafsäcken liegen
bleiben. Ich hörte, dass das Flugzeug das Wadi ganze sechs
Mal überflog – ein klares Zeichen dafür, dass es in dieser Gegend etwas geortet haben musste. Im Dämmerschlaf fanta-
sierte ich, dass das Flugzeug auf den umliegenden Bergpla-
teaus Fallschirmspringer abgesetzt hatte, die im Morgengrauen
unser Lager stürmen würden. Beruhigt schlief ich wieder ein.

◆ ◆ ◆

Die Kommunikation zwischen den Gotteskriegern und uns wurde im Wesentlichen von Horst und ›Dr. Kurt‹ bestritten – zum einen weil sie sich am besten ausdrücken konnten, zum anderen weil ihr Interesse hauptsächlich der aktuellen Entwicklung im Zusammenhang mit den Lösegeldverhandlungen galt, von denen unsere weitere Zukunft abhängig war. In diesen manchmal stundenlang dauernden Gesprächen hatten sich die Gotteskrieger energisch dagegen verwahrt, uns als ›Gefangene‹ zu bezeichnen. Sie beharrten darauf, dass wir für einen unbestimmten Zeitraum ihre ›Gäste‹ seien, die später ›Freunde‹ bleiben sollten.

Diese beiden – Horst und Kurt – waren es folglich, die uns am Nachmittag des folgenden Tages eine vergleichsweise frohe Botschaft übermittelten: Unsere Familien waren – durch welche Mittelsmänner auch immer – von unserer Gefangennahme unterrichtet worden und wussten, dass wir alle noch am Leben waren!

Zum ersten Mal seit unserer Ankunft in dem Felsloch wichen die bedrohlichen Bergwände in meiner Vorstellung ein Stück weit zurück, und ich fühlte mich wieder mit der Außenwelt verbunden, die ich bei meiner Abreise vor etwa sechs Wochen hinter mir gelassen hatte. Seit unserer Gefangennahme war ich mir wie durch eine unsichtbare Mauer isoliert vorgekommen. Erst jetzt wurde mir klar, dass ich – vielleicht wir alle – so gelebt hatten, als ob man uns draußen in der Welt vergessen hätte. Die Nachricht, dass unsere Familien nun Bescheid wussten, stellte die Verbindung nach Hause wieder her und gab mir das Gefühl zurück, eine Vergangenheit und damit auch eine Zukunft zu haben!

Wir saßen alle im Halbkreis um Horst und Kurt herum und versuchten weitere Details herauszubekommen, als wir oben auf dem Plateau einen Schuss hörten.

»Wenn sie schon wieder eins von diesen putzigen Viechern geschossen haben, um uns das Essen zu versauen, dann trete ich endgültig in den Hungerstreik!«, rief Anke erbost.

Wenig später sah ich vom Fuß der Felswand aus vier Gotteskrieger den beschwerlichen Weg vom Plateau in ihr Lager hinabsteigen. Jeder von ihnen hatte ein Viertel eines Dromedars geschultert – eine Last, die auf dem steil abfallenden Weg schwer zu balancieren war.

Diesmal war ich es, der den anderen eine frohe Botschaft zu verkünden hatte: »Vergesst die Gundi-Suppe! Heute Abend gibt es wahrscheinlich Dromedar vom Grill!« Ich blickte in ungläubige Gesichter.

»Wie schmeckt Dromedarfleisch überhaupt?«, fragte Doris.

»Ähnlich wie Gazelle«, behauptete ich, obwohl ich keine Ahnung hatte. »Jedenfalls lecker, das kannst du mir glauben!«

Tatsächlich erhielten wir von den Gotteskriegern gegen Abend ein riesiges Stück Fleisch ohne Knochen, das bestimmt fünf Kilo wog. Dazu händigten sie uns eine Pfanne, ein Messer und eine Flasche gelbliches Öl aus, das vermutlich Sonnenblumenöl war. Zum Glück hatten wir bei unseren Vorräten noch einen Rest Salz gebunkert, sodass einem Grillfest, wie ich es prophezeit hatte, nichts mehr im Weg stand.

Ich schnitt das Fleisch in etwa fünf Millimeter dünne Scheiben und briet, assistiert von Christian, die etwa zehn Zentimeter großen Steaks in der Pfanne knusprig aus.

Durch das austretende Blut entstand sogar so etwas wie eine Soße, mit der man die Fleischstücke beträufeln konnte. Diese Mahlzeit wurde ein Festessen, das tatsächlich jedem schmeckte!

◆ ◆ ◆

Gleich nach dem Frühstück des nächsten Tages, das wieder aus Dromedarfleisch bestand, mussten wir auf Geheiß der Gotteskrieger erneut in den Dom hetzen. Diesmal war es keine Propellermaschine, sondern ein Hubschrauber, der zehn Minuten später unser Tal überflog. Djedet, der uns bewachte, achtete darauf, dass keiner von uns zu nahe am Eingang stand – ein Hubschrauber hätte uns aufgrund seiner Beweglichkeit nämlich selbst in der Höhle noch entdecken können.

Anscheinend flog die Maschine aber nicht weit genug in den Kessel hinein, denn wir hörten sie nur, bekamen sie jedoch nicht zu sehen.

Nach dem Mittagessen ging es wieder hinab zu den Gueltas, die ich mir auch diesmal nicht entgehen ließ. Von Toni hatte ich Shampoo bekommen, mit dem ich mich dort zum ersten Mal seit unserer Gefangennahme wieder einseifen konnte. Ich fühlte mich danach wie neu geboren – nur frisch gebügelte Kleider hätten noch gefehlt! Immerhin hatte ich einige Tage zuvor meine Socken und meine Unterwäsche am Guelta gewaschen, sodass ich mich einigermaßen frisch fühlen konnte.

Dennoch – am nächsten Morgen ging es mir schlecht. Ich hatte ein flaues Gefühl im Magen, und meine Stimmung war auf einem nie gekannten Tiefpunkt angekommen. Ich nahm an keiner der Mahlzeiten teil und verbrachte den ganzen Tag zurückgezogen, ohne die Gesellschaft der anderen. Vermutlich suchte sich meine Psyche einen Anlass, der ständigen Gegenwart meiner Schicksalsgenossen zu entfliehen. Schließlich hatten wir alle uns nicht freiwillig dazu entschlossen, in einer so großen Gruppe zusammenzuleben. Ich dachte an mein Gespräch mit Eva zurück und verstand noch einmal besser, dass sie sich von der Gemeinschaft absondern musste, um sich auf ihre Genesung zu konzentrieren.

Erst an diesem Tag wurde mir klar, dass es außer Eva und Toni weitere sieben Personen gab, die sich dem Gruppengeschehen teilweise entzogen: Doris und Ernst, Ingo und Anke, die beiden Bachmanns sowie Dr. Stanglmeier, der sich tagsüber immer abseits hielt, um seine kunsthistorischen Bücher zu studieren. Er hatte nämlich als Pensionär ein Studium der Kunstgeschichte begonnen und nutzte jede freie Minute zum Lesen.

Die Paare indessen beschäftigten sich hauptsächlich miteinander, so, als lebten sie auf einer Insel abseits des allgemeinen Geschehens. An diesem Tag, an dem mein Magen rebellierte und mein Gemüt mich in ungekannte Tiefen hinabzog, vermisste ich eine Partnerin, die mein elendes Los als Gefangener teilte und mich vielleicht hätte aufrichten können. Als mir das klar wurde, stieg meine Stimmungskurve allmählich wieder an.

Am nächsten Mittag war ich bereits wieder so weit okay, dass ich am Essen teilnehmen konnte, und abends war die Erinnerung an meinen Tiefpunkt schon so verblasst, dass ich wieder mit den anderen über dumme Witze lachen konnte.

Seit ich einige kleine Zettel unbeschriebenes Papier von den Muftis bekommen hatte, machte ich mir täglich in winziger Schrift kurze Notizen, um Datum und Wochentage nachzuhalten sowie den Gang der Ereignisse zuordnen und nachvollziehen zu können.

Ich kann deshalb mit Sicherheit sagen, dass es am 26. Tag unserer Gefangenschaft war, als ich bereits beim Aufstehen spürte, dass etwas Ungewöhnliches in der Luft lag. Im Lager herrschte schon am frühen Morgen reges Treiben, das jedoch nicht in einem Frühstück resultierte. Erst viele Stunden nach Sonnenaufgang brachte Elias eilig einen Topf mit Brei und verschwand sofort wieder.

Nachmittags beobachteten wir, wie die Männer sich vollzählig im Kreis versammelten und mit ernster Miene debattierten. Sie schienen so etwas wie eine Krisensitzung einberufen zu haben. Kurt versuchte zu lauschen, wagte sich aber leider nicht nahe genug heran, um etwas verstehen zu können.

Wir erfuhren also nichts darüber, was dort vor sich ging.

KAPITEL 7

LEBEN MIT DER UNGEWISSHEIT

16. April – 30. April

Nicht nur ich, sondern wir alle hatten gelernt, mit der ständigen Ungewissheit zu leben. Wann immer es Informationen irgendeiner Art gab, saugten wir sie gierig auf, auch wenn auf die Richtigkeit kein Verlass war. Mal hörten wir, die Lösegeldverhandlungen seien fast abgeschlossen, am nächsten Tag wiederum sagte man uns, die Verhandlungen hätten noch gar nicht begonnen.

Wer in der Lage war, sich wie Odysseus Wachs in die Ohren zu stopfen, schonte auf jeden Fall seine Nerven, lief aber Gefahr, nicht schnell genug reagieren zu können, falls sich tatsächlich etwas tat. Ich jedenfalls gehörte zu jenen, die stets versuchten, sich auf dem Laufenden zu halten, und die dadurch verursachten Stimmungsschwankungen eben in Kauf nahmen.

»*Viens, viens!*« Wieder mal war es Abdullah, der aus dem oberen Lager nach unten schrie und dabei auf Ingo zeigte. Ingo stieg achselzuckend zu ihm hinauf und verschwand für gute zwei Stunden mit Abdullah auf das Plateau, dorthin, wo die Autos geparkt waren.

Endlich sahen wir die beiden den steilen Weg wieder hinabsteigen und warteten gespannt, was Ingo zu berichten hatte. »Erzähl! Habt ihr eine Spazierfahrt gemacht? Wart ihr mal schnell bei McDonald's und habt euch heimlich einen Big-Mac reingeschoben?«

Ingo grinste. »Der Landrover springt nicht mehr an – das heißt: Er *sprang* nicht an. Ich sollte die Ursache suchen.«

»Und? Hast du den Fehler gefunden?«, fragte Hubert gespannt.

Ingo lächelte zufrieden. »Es lag an einer durchgebrannten Sicherung, die ich ausgetauscht habe!«

»Du hast den Landy also wieder startklar gemacht?«

»Nein – wenn sie ihn jetzt wieder starten wollen, werden sie dumm aus der Wäsche schauen.«

Allmählich wurde ich ungeduldig. »Ich denke, du hast die Sicherung ausgetauscht.«

»Hab ich auch. Aber nachdem ich Abdullah demonstriert hatte, dass der Wagen wieder anspringt, habe ich die alte Sicherung wieder eingebaut!«

»Verstehe. Aber wozu soll das gut sein?«

»Kapierst du nicht? Für den Fall, dass wir Geiseln uns plötzlich vom Acker machen müssen, bin ich der Einzige, der den Landy wieder in Gang bringen kann! Unsere Turban-Freunde kommen jedenfalls keinen Meter weit damit!«

Alle waren begeistert von Ingos Coolness. »Bravo! Jetzt haben wir also ein Fahrzeug, mit dem wir jederzeit abhauen können!«

Kurt dämpfte unsere Begeisterung. »›Jederzeit‹ ist reichlich übertrieben. Aber trotzdem – man kann nie wissen, wozu wir den Landrover noch mal brauchen können!«

Der nächste Tag begann wieder mit Magenschmerzen. Meine private Kalenderführung ließ keinen Zweifel daran, dass in Deutschland Karfreitag war und nun die Ostertage vor der Tür standen, auf die ich mich jedes Jahr besonders freute. Ich empfand einen bohrenden Schmerz, weil ich diese Feiertage ohne Andrea und die Kinder verbringen musste, und hielt mich den ganzen Tag abseits der Gemeinschaft. Meine Buchführung hatte mir unerbittlich vor Augen geführt, dass an diesem 18. April des Jahres 2003 die fünfte Woche meiner Gefangenschaft begann. An diesem Tag weinte ich mehrfach hemmungslos.

Am nächsten Tag stellte ich fest, dass auch die anderen einen Grund gefunden hatten, missgelaunt zu sein: Gerd Bachmann hatte soeben behauptet, dass in der nächsten Woche nur ganze drei Tage für Lösegeldverhandlungen zur Verfügung stünden. Da in Deutschland über Ostern nicht gearbeitet würde, könne nur am Dienstag, Mittwoch und Donnerstag verhandelt werden, denn der Freitag war bekanntermaßen der wöchentliche islamische Feiertag!

»In Deutschland und Österreich wird in den Ministerien wohl nach der Stechuhr gearbeitet, und bei den Moslems geht am Freitag sowieso nix – da müssen sie rund um Uhr beten, Lösegeld hin oder her!« Bachmann unterstrich seine Worte mit einer Handbewegung, die ausdrückte, dass er keine Widerrede zuließ.

»Na, ich weiß nicht, Gerd«, bemerkte Kurt skeptisch. »Die können doch nicht alle solche Beamtengeister sein! Ich könnte mir vorstellen, dass unsere Entführung längst zur Chefsache erklärt worden ist. In so einem Fall sind Feiertage kein Argument!«

Bachmann beharrte auf seiner Meinung. »Da müsste schon der Bundeskanzler entführt werden, damit aus einer Geiselnahme eine Chefsache wird!«

Wir sahen uns alle ratlos an. Offensichtlich konnte sich außer Kurt niemand vorstellen, dass wegen uns an Ostern gearbeitet wurde.

Endlich fiel mir eine Möglichkeit ein, von diesem Thema abzulenken. »Wusstet ihr eigentlich, dass ich nicht zum ersten Mal Geisel bin?«, fragte ich mit betont harmloser Miene in die Runde. An den verblüfften Gesichtern konnte ich ablesen, dass ich Bachmann nun die Show gestohlen hatte.

»Das war 1997 in der Ukraine. Ich war damals in der Organisation einer Fachzeitschrift für Geländewagen tätig und gehörte zum O-Team einer Geländewagen-Trophy für Hartgesottene. Bei der Einfahrt in das noch etwa 300 Meter entfernte zweite Camp der Tour wurden wir von acht Männern auf einem Parkplatz am Rande des Camps festgehalten. Zunächst waren wir nur rund 40 Personen, aber nach und nach trudelten auch die anderen Teilnehmer ein, bis wir am Ende 250 Leute waren, die auf dem Parkplatz übernachten sollten …«

Anke unterbrach mich: »Wusstet ihr denn überhaupt, worum es ging?«

»Wir haben noch in dieser Nacht erfahren, dass die Mafia vom Veranstalter Geld erpressen wollte. Wie viel, weiß ich allerdings bis heute nicht!«

»Ihr habt also auf dem Parkplatz übernachtet?«

»Nein, gegen elf Uhr nachts haben wir uns alle in unsere Fahrzeuge gesetzt und sind an den Typen vorbei ins Camp geprescht. Es hat uns auch niemand aufgehalten …«

»Und mit dieser Aktion seid ihr freigekommen?«

»Natürlich nicht, aber wir waren nun eine komplette Gruppe, denn der Catering-Service, der sich bereits im Camp befand, gehörte ja auch zu uns!«

»Mit anderen Worten: Im Camp gab es was zu essen.«

»Genau! Dort ließ es sich besser aushalten als auf dem Parkplatz!«

»Bislang vermisse ich da einen gewissen Ernst der Lage …«

Dieser Einwurf kam von Horst. »So weit ich mitgekriegt habe, waren ja noch nicht mal Waffen im Spiel!«

»Ich habe wohl vergessen zu erzählen, dass die Männer mit Kalaschnikows bewaffnet waren.«

Horst schüttelte missbilligend den Kopf. »Harald, aus dir wird nie ein Krimi-Autor! Du musst die Pointen besser rausbringen!«

»Wie ging es weiter?«, fragte Doris. »Ihr wurdet doch wohl nicht so lange festgehalten wie wir hier?«

»Gerüchten zufolge kam am nächsten Vormittag ein Mann mit einem Koffer voller Geld, und dann durften wir über die ungarische Grenze ausreisen.«

»Es war also aus mit der Geländewagen-Trophy?«, fragte Toni.

»Ich vermute, dass entweder gar kein Geld gezahlt wurde oder nicht genug. Die Trophy musste deshalb abgebrochen werden. Wir waren froh, dass wir heil außer Landes kamen!«

Anke blickte mich vorwurfsvoll an. »Mir scheint, es ist ziemlich gefährlich, in deiner Gesellschaft unterwegs zu sein!«

Kurt lachte herzhaft. »Sieh es einfach anders herum, Anke – wenn Harald dabei ist, gehen auch die übelsten Situationen am Ende gut aus!«

Das Abendessen bestand wie immer aus Brei. Auffällig war jedoch, dass das Essen diesmal mit Pfeffer gewürzt war – und zwar so reichlich, dass mein Hals davon brannte.

Am nächsten Morgen erwachte ich mit geschwollenen Lymphdrüsen. Zu allem Überfluss war der Frühstücksbrei an diesem Tag so wässrig, dass er sich eher zum Trinken als zum Essen geeignet hätte.

Es war mittlerweile unverkennbar, dass die allgemeine Stimmung der Gruppe zu gut 90 Prozent von der Qualität des

136

Essens abhing, das uns serviert wurde. Der flüssige Brei war kaum geeignet, Magen und Darm zu beschäftigen, von Nährstoffen gar nicht zu reden.

Ob aus diesem oder einem anderen Grund – jedenfalls begann Reno am Ostersonntag plötzlich, von seinem erhöhten Felsen-Schlafplatz aus in kurzen Abständen Steine den Abhang hinunterzuwerfen. Sein Blick blieb dabei starr in die Ferne gerichtet, als ob er nicht wüsste, was er tat, sondern einem inneren Impuls folgte – ähnlich, wie vernachlässigte Kinder mitunter anfangen, mit dem Kopf an die Wand zu schlagen. Von Horst erfuhr ich später, dass es einen Fachbegriff dafür gibt: Hospitalismus.

Inwieweit dieser Begriff auf Renos Verhalten zutraf, kann ich nicht ermessen. Jedenfalls schien es ihn nicht zu kümmern, dass andere Personen von seinen Steinen getroffen werden könnten. Mehrfach wiederholte er mit dem ihm eigenen Starrsinn: »Hört ihr nicht, welche Melodie die rollenden und hüpfenden Steine erzeugen? Einfach wunderbar!«

Ich begann mir Sorgen um Reno zu machen. Ob er wohl nicht mehr alle Tassen im Schrank hatte? Ob er womöglich bald zusammenbrechen oder wild um sich schlagen würde?

Ich gebe zu, dass mich diese Vorstellung mit Furcht erfüllte, denn dunkel spürte ich, dass es für uns alle immer mühsamer wurde, die Fassade zivilisierter Menschen aufrechtzuerhalten. Wenn nur einer von uns tatsächlich ausflippte, konnte das dazu führen, dass auch alle anderen ihre Selbstkontrolle aufgaben und dem Irrsinn verfielen, der uns insbesondere in diesem Steinloch wie ein dunkler Schatten auflauerte – so, wie ein einzelner Stein in der Lage war, eine Steinlawine auszulösen, unter der wir alle begraben würden …

»Merkst du nicht, dass du uns hier unten mit deinen Steinen verletzen könntest?!«, brüllte ich entnervt nach oben.

Renos Antwort bestand aus weiteren Steinen, die wie ungehorsame Kinder in verschiedene Richtungen nach unten hüpften.

»Lass ihn«, beschwichtigte mich Kurt. »Das ist halt seine Art, mit der Situation umzugehen.«

»Ich pfeife auf seine Art!«, entfuhr es mir. »Hast du eigentlich für jeden Verständnis?!«

Kurt legte mir die Hand auf die Schulter und stieß einen tiefen Seufzer aus.

»Du mit deinem großen Herzen!«, brachte ich schließlich hervor und gab ihm einen freundschaftlichen Knuff mit dem Ellenbogen.

An jenem Ostersonntag, an dem ungewöhnlich viele Fliegen um unsere Köpfe schwirrten, hatten wir uns vormittags wieder im Dom verstecken müssen, da ein Flugzeug das Wadi überflog. Diesmal war es eine Düsenmaschine, die in großer Höhe unterwegs war. Am nächsten Tag hatten wir es indessen wieder mit der uns nun schon vertrauten Propellermaschine zu tun, die vermutlich von einem Armee-Piloten geflogen wurde.

Bevor wir eilig über die Felsen kletterten, um rechtzeitig die Behausung von Vater und Tochter Bachmann zu erreichen, rief ich Leni zu: »Setzt schon mal den Kaffee auf und besorgt Kuchen – es kommen ein paar Leute zu Besuch!«

Während dieses Fliegeralarms erzählte uns Leni, sie sei in einem großen Supermarkt als zweite Chefin tätig. Nun wusste ich, dass sie genau die richtige Person war, um mir eine Frage zu beantworten, die mir schon seit Tagen im Kopf herumging.

»Was passiert eigentlich mit den ganzen Schokoladen-Osterhasen, die nach Ostern noch nicht verkauft sind?«, fragte ich.

Bevor Leni antworten konnte, rief Ernst: »Die werden wieder eingeschmolzen, das ist doch bekannt!«

Leni korrigierte ihn: »Das ist aus lebensmittelhygienischen Gründen gar nicht erlaubt. Bei den Supermärkten fahren spezielle Müllautos vor, wo alle nicht verkauften Schoko-Hasen und Ostereier reingeworfen und sofort zerschreddert werden. Niemand darf etwas von der Ware mit nach Hause nehmen – alles landet im Müll!«

Ich konnte es nicht fassen. »Das darf doch nicht wahr sein! Was gäbe ich um nur einen solchen Schokoladen-Hasen!«

»In dieser Hitze hier würde er sowieso sofort schmelzen!«, brummte Gerd Bachmann.

Ich ließ mich nicht beirren. »Egal! Ich könnte literweise flüssige Schokolade vertilgen – das wäre mir immer noch lieber als diese geschmacklose Grieß-Suppe!«

Abends beschlossen wir einstimmig, den in Plastikfolie eingeschweißten Räucherspeck auszubraten. Er hatte bereits Schimmel angesetzt.

◆ ◆ ◆

Zwei Tage später, am 23. April, hatte ich Geburtstag. Schon zum Frühstück schüttelte ich 16 Gratulanten die Hand und hätte mir nichts sehnlicher gewünscht, als nun mit den Vorbereitungen zu einem viergängigen Geburtstagsmenü zu beginnen. Stattdessen kreierten Reno, Doris, Andi Hagen und Kurt im Geiste ein Menü für den Abend: Feldsalat mit gebratenem Speck, Lauchcremesuppe mit Lachs, gefüllte Kalbsbrust mit Kartoffelgratin und glasierten Möhren, dazu ein gut gekühlter Pouilly Fumé … und zum Abschluss Panna cotta an marinierten Erdbeeren, danach noch Espresso und ein Grappa.

Wegen der gefüllten Kalbsbrust legte ich Protest ein: »Ich halte es für Unsinn, eine Kalbsbrust zu füllen! Ein wunderbares Brustfleischstück schmeckt als Braten mit einer leckeren Soße viel besser!«

Weil es mein Geburtstag war, gaben die anderen nach. »Schade um die schöne Füllung – aber mach nur, wie du meinst!«

Mit Erstaunen stellte ich fest, dass das menschliche Vorstellungsvermögen durchaus in der Lage ist, den Körper zu beeinflussen. Wir fühlten uns, als ob wir tatsächlich ein reichhaltiges Menü vertilgt hätten, und legten uns erst mal in den Sand, um in Ruhe zu verdauen.

◆ ◆ ◆

Die folgenden Tage und Nächte wurden von einer zunehmenden Aktivität der Suchflugzeuge bestimmt – in der Nacht nach meinem Geburtstag überflog eine Propellermaschine den Felsenkessel in geringer Höhe gleich vier Mal. Vermutlich um nicht abgeschossen zu werden, flog das Flugzeug ohne Beleuchtung, sodass wir es nur schemenhaft ausmachen konnten. Zwei Tage später erschien über dem Tal ein weißer Hubschrauber ohne jede Aufschrift, der von Westen nach Osten flog. Am nächsten Nachmittag kehrte er aus derselben Richtung zurück, in der er verschwunden war, und entfernte sich nach Westen.

Wir rätselten, ob unsere Regierung oder Journalisten einen Hubschrauber gemietet hatten, um uns zu suchen. In den folgenden zwei Nächten hörten wir dann wieder das mittlerweile vertraute Geräusch der Propellermaschine.

Das vermehrte Auftauchen von Flugzeugen schien die Gotteskrieger nervös zu machen. Unsere Laune hatte sich hingegen verbessert, denn seit einigen Tagen wurde statt Brei Linsensuppe serviert. Meine Geschmacksnerven waren dankbar über die Abwechslung, aber mehr noch meine Gedärme, die endlich wieder etwas zu tun hatten!

Es erstaunte mich immer wieder, dass einige von uns eine große Menge Papierabfall erzeugten, obwohl das Papier – insbesondere das Klopapier – mittlerweile knapp wurde. Mancher hatte es sich zur Angewohnheit gemacht, sich mit Klopapier zu schnäuzen, während die anderen dafür Stofffetzen verwendeten, die sich zum mehrmaligen Gebrauch eigneten.

Auch die Dombewohner erzeugten viel Abfall, und so mussten sie entsprechend öfter als die anderen ihren Müll verbrennen. Die damit einhergehende Rauchentwicklung war den Gotteskriegern ein Dorn im Auge, insbesondere dann, wenn der Rauch unkontrollierbar gen Himmel stieg.

Anscheinend hatte es Gerd aber darauf abgesehen, Aufmerksamkeit zu erregen, denn irgendwann in der sechsten Woche unserer Gefangenschaft gab es plötzlich einen mächtigen Knall. Das Geräusch war von seinem Feuer vor dem Domeingang ausgegangen.

Schreiend und fluchend hasteten die Gotteskrieger mit ihren Kalaschnikows auf ihrem Felsabsatz herum und drohten mit den Fäusten nach unten. Gerd stand der Schrecken ins Gesicht geschrieben. Er schien keine Ahnung zu haben, was den explosionsartigen Knall, vor allem aber die schwarze Rauchwolke verursacht hatte, die ihn nun umgab. Als er hektisch Wasser aus unserem Kanister in das Feuer goss, verstärkte sich der Rauch noch, bis die Flammen schließlich zischend erloschen.

Die Ursache des Desasters war schnell gefunden: eine leere Spraydose, deren Treibgas im Feuer explodiert war!

◆ ◆ ◆

Als der April sich dem Ende neigte, stieg die Temperatur merklich an. Da es tagsüber nun um die 40 Grad heiß wurde, hielten wir uns nach Möglichkeit nur noch im Schatten auf. Den Gotteskriegern schien die Hitze weniger auszumachen als uns – wir sahen sie sechs 20-Kilo-Säcke vom Plateau herunterschleppen, die wahrscheinlich Lebensmittel enthielten. Dass sie nach Bedarf die Lebensmittellager der Beduinen plünderten, war für uns kein Geheimnis. Ich persönlich hatte auch gar nichts dagegen, denn abends gab es Linsen und … Datteln!

Die Flugzeuge kamen mittlerweile mehrmals täglich und jede Nacht.

Zum Frühstück gab es am 39. Tag unserer Gefangenschaft wieder frisch gebackenes Brot, sodass wir endlich nicht nur etwas zu essen, sondern auch etwas zu kauen hatten! An diesem Tag, einem Montag, sah ich die Gotteskrieger an ihrem Funkgerät herumwerkeln. Normalerweise taten sie das nur dienstags und donnerstags. Aber Abdullah, der Funker, hatte trotzdem keine Neuigkeiten für uns. Seufzend, aber mit einem Lächeln forderte er wieder einmal von uns: *»Courage et patience!«*

Als wir an jenem Nachmittag Motorengeräusche ganz in der Nähe hörten, murmelte Horst bedeutungsvoll: »Übermorgen passiert was!«

Dieser Satz war mittlerweile zu einem geflügelten Wort unter uns geworden, mit dem wir versuchten, uns selbst daran zu hindern, in völliger Apathie zu versinken. Übermorgen war weit genug weg, dass wir nicht gleich in Euphorie verfielen, aber zugleich nahe genug an der Gegenwart, damit wir die Hoffnung nicht aufgeben mussten.

Diesmal sollte Horst Recht behalten.

♦ ♦ ♦

Der folgende Tag – der 40. unserer Gefangenschaft – war geprägt von auffälliger Geschäftigkeit der Gotteskrieger. Sie klapperten mit Gegenständen, rannten hin und her, kletterten hinauf aufs Plateau und wieder herunter.

Abends wurde uns eine Mahlzeit serviert, die während der gesamten Zeit unserer Gefangenschaft noch nie auf unseren Blechtellern gelandet war: eine weiße, puddingartige Mehlpampe, die außergewöhnlich viel Zucker enthielt.

Hatte das irgendetwas zu bedeuten? Erhielten wir Kraftfutter, um für künftige körperliche Strapazen gewappnet zu sein?

♦ ♦ ♦

Am 30. April, dem 41. Tag unserer Gefangenschaft, gab es wieder einen Geburtstag zu feiern: Christian wurde 25 Jahre alt. Es gab niemanden in der Gruppe, der dem jungen Mann nicht von Herzen alles Gute gewünscht hätte. Von seinem Vater bekam er zum Geburtstag einen eng beschriebenen Zettel, den er schnell in der Hosentasche verschwinden ließ, um ihn später in Ruhe und nicht vor aller Augen zu lesen.

Nachdem das allgemeine Beglückwünschen vorüber war, zog ich mich hinter einen Felsen zurück, um mir selbst Mut zuzusprechen. Ich spürte, dass ich auf gar keinen Fall den Rest meines Lebens in diesem Steinloch verbringen wollte. Ich hatte das Gefühl, dass mein Leben noch einmal von neuem beginnen würde, wenn ich jemals wieder nach Hause käme. Als ich zum Lagerplatz zurückkehrte, sagte ich deshalb zu Christian: »Du wirst sehen – noch diese Woche wird etwas passieren!« Christian grinste. »Ich dachte, übermorgen …«

Nach dem Mittagessen, das aus süßem Brei und Linsensuppe bestand, teilte uns Abdel Hak überraschend mit, wir müssten in zirka zwei Stunden abmarschbereit sein. Da wir etwa fünf Kilometer zu Fuß und nicht in Fahrzeugen unterwegs sein würden, sei es ratsam, so wenig Gepäck wie möglich mitzunehmen.

Ich konnte es nicht fassen – nach 25 Tagen würden wir endlich den Felsenkessel verlassen und einem unbekannten Ziel entgegenmarschieren!

Ich hatte so lange auf eine Nachricht wie diese gewartet, dass mein Herz buchstäblich einen Sprung machte. Aber nicht alle teilten meine Begeisterung. »Wer weiß, wo wir nun wieder landen!«, hörte ich, und: »Zu Fuß durch die Wüste – das halten die Frauen doch gar nicht durch!«

Weil die Gotteskrieger den Aufbruch umständlich wie eh und je gestalteten, wurde es 18 Uhr, bis wir schließlich alle oben auf dem Plateau standen. Wir hatten uns tatsächlich allen überflüssigen Gepäcks entledigt, insbesondere Kurt, der den Inhalt seines Seesacks auf etwa die Hälfte des vorigen Gewichts reduzierte. Nur die Bachmanns schleppten ihre unvermindert voll gestopften Rucksäcke – offenbar hatten sie sich von nichts trennen können.

Für unseren Fußmarsch stand sogar ein Dromedar bereit, das die sperrigeren Gepäckstücke tragen sollte. Andis und auch Dr. Stanglmeiers Gepäck sowie die Taschen der Frauen wurde dem Lasttier aufgeladen. Nur die arme Leni behielt ihren Rucksack, denn keiner der Gotteskrieger hatte ihn ihr abgenommen.

Als unsere Karawane sich endlich in südlicher Richtung in Bewegung setzte, zählte ich noch etwa zehn Gotteskrieger, die bei uns geblieben waren. Ob die anderen zu Fuß oder in einem Fahrzeug verschwunden waren, hatte keiner von uns mitbekommen. Beruhigt stellte ich fest, dass jene Muftis, mit denen wir uns gut verstanden hatten, immer noch bei uns waren. Lediglich Paris-Dakar hatte sich in Luft aufgelöst.

Weil mich eine elektrisierende Aufbruchstimmung befallen hatte, lief ich gemeinsam mit Hubert in hohem Tempo an der Spitze unserer Karawane, sodass die Gotteskrieger Mühe hatten, mit uns Schritt zu halten.

Ganz am Ende gingen die Frauen, deren Abstand zur Karawanenspitze im Lauf der Stunden immer größer wurde. Ebenfalls am Ende lief Stanglmeier, der sich wie bereits in den vergangenen drei Wochen über alle Kleidervorschriften der Gotteskrieger hinweggesetzt hatte: Er trug eine knielange, eng anliegende Hose, deren hintere Mittelnaht auseinandergeplatzt war, und ging wie meistens mit nacktem Oberkörper, obwohl er ein T-Shirt und ein Hemd besaß. Die übrigen Männer hatten sich alle den wenig strengen Kleidervorschriften gebeugt: lange Hosen und ein bedeckter Oberkörper.

Den Frauen hatte man Kopftücher gegeben, damit sie ihr Haar bedeckten. Weil sie nach Möglichkeit Kleider tragen sollten, hatten Eva, Anke und Doris sich in die landesüblichen langen Hemden gewandet, die beim Marschieren allerdings ziemlich hinderlich waren. Lediglich Leni weigerte sich, das Kopftuch und ein Kleid zu tragen. Sie zog nach wie vor die gewohnte Kleidung an.

Nach einigen Stunden stellte ich fest: Von einem Fünf-Kilometer-Marsch konnte keine Rede sein! Wir waren schon bestimmt zehn Kilometer weit gelaufen. Mittlerweile war es Nacht geworden und so dunkel, dass man kaum noch erkennen konnte, wohin man trat.

Dass das hintere Ende der Karawane zum Stillstand gekommen war, bemerkten wir zwei, die wir ganz vorn liefen, deshalb ziemlich spät – wir mussten umkehren und brauchten gute 15 Minuten, um an das Ende unseres Zuges zu gelangen. Dort hörten wir die Frauen mit ungewohnt heftigen Stimmen mit den Gotteskriegern diskutieren.

»Gibt es Probleme?«, fragte ich Toni arglos.

»Die Frauen und Andi Hagen wollen nicht mehr weiterlaufen. Andi hat sich bereits verletzt, weil er immer noch seine getönte Brille trägt. Und Eva hat Schmerzen wegen der Wunde und kann nicht mehr!«

Hubert begriff die ganze Diskussion nicht. »Warum machen sie wegen einem Zehn-Kilometer-Marsch so ein Theater?«, fragte er verständnislos.

»Eva ist schließlich verletzt«, versuchte ich zu erklären, »und sowieso ist sie nicht die Fitteste. Ich finde es schon erstaunlich, dass sie es bis hierher geschafft hat!«

»Was werden wir nun tun?«, fragte ich Jaffa, dem die Diskussion ziemlich unangenehm zu sein schien.

»Abdel Hak hat beschlossen, dass wir hier übernachten!«, gab er zur Antwort. »Wenn die Frauen nicht weitergehen wollen, dann müssen alle eine Pause machen.«

Ich nickte den Frauen anerkennend zu. »Bravo, dass ihr euch gewehrt habt! Ich denke, wir alle können jetzt eine Mütze Schlaf vertragen!«

KAPITEL 8

EIN NACHTMARSCH ZUM EMIR

31. April – 5. Mai

Nachdem wir am Abend des vorigen Tages gegen 21 Uhr gestoppt hatten, waren wir gleich an Ort und Stelle in unsere Schlafsäcke gekrochen und sofort in einen tiefen Schlaf gefallen, denn die dreistündige Wanderung hatte uns ziemlich erschöpft. Schon um fünf Uhr früh wurden wir wieder geweckt, damit wir die nächste Etappe nicht in zu großer Hitze zurücklegen mussten. Das Frühstück bestand – wie so oft, wenn wir unterwegs waren – für jeden nur aus einem Schluck starken Tees, den die Gotteskrieger hastig zubereitet hatten.

Während wir vorsichtig den heißen Tee schlürften, sah ich Abdel Hak immer wieder zum Himmel blicken. »Glaubst du, dass heute wieder Suchflugzeuge kommen werden?«, fragte ich ihn.

Horst übersetzte: »Er hofft, dass keine Flugzeuge kommen, denn eine Vorbedingung für den Beginn der Lösegeldverhandlungen lautet: keine Suchflugzeuge mehr!«

»Mit wem werdet ihr verhandeln?«, erkundigte sich Horst.

In Abdel Haks wettergegerbtem Gesicht zeigte sich keine Regung, als er lakonisch antwortete: »Mit einem Mitarbeiter Schröders.«

»Ist denn ein Mitarbeiter Schröders in Algier?«, fragte ich aufgeregt.

»Noch nicht«, ließ mich Abdel Hak wissen. »Ich sage euch Bescheid, wenn er eingetroffen ist.«

Noch vor sechs Uhr setzte sich die Karawane wieder in Bewegung. Es ging weiterhin südwärts durch zunehmend schwieriges Gelände, das uns immer wieder zu akrobatischen Klettereien zwischen größeren Felsen nötigte. Einige der Gotteskrieger waren mit dem Dromedar vorausgegangen und blieben während des ganzen Marsches außer Sichtweite.

An der Spitze der Karawane lief Jaffa mit einem GPS-Gerät in der Hand, das aus einem der Fahrzeuge ausgebaut worden war. Vermutlich wären die Mudschaheddin in diesem Gelände ohne Navigationssystem ebenso verloren gewesen wie wir.

Es wurde stündlich eine Rast eingelegt, damit die Frauen, insbesondere Eva, Gelegenheit hatten zu verschnaufen. Wegen des unwegsamen Geländes sowie der Pausen legten wir nach meiner Schätzung in drei Stunden höchstens sieben Kilometer zurück.

Dennoch waren wir gegen neun Uhr morgens bereits am Ziel angelangt. Am Eingang eines schmalen Wadis stießen wir auf eine große Wasserstelle, die von einer Art Wiese umgeben war. Dort wartete bereits die Gruppe mit dem Dromedar, die wir während des Marsches vermisst hatten.

Wieder ging es steil hinunter, denn die Felsbrocken auf dem Grund eines Wadis boten ideale Versteckmöglichkeiten – das wussten wir mittlerweile ebenso gut wie die Gotteskrieger. Der Abstieg in das enge Tal erwies sich als noch beschwerlicher als der zu unserem vorigen Lagerplatz. Wir konnten uns – geführt von den Gotteskriegern, die den Ort bereits ausgekundschaftet hatten – nur schrittweise nach unten vortasten. Da wir die Hände zum Festhalten benötigten, konnte das Gepäck immer nur an den Nächsten weitergegeben werden, wenn dieser sich gerade nicht vorwärts tastete. Immerhin kam die ganze Mannschaft samt Gepäck und einem rußgeschwärzten Kochtopf, der bestimmt 25 Liter fasste, nach einer guten halben Stunde unten an. Vor allem Eva, der das Abwärtsklettern noch schwerer fiel als allen anderen, hatte eine Glanzleistung vollbracht.

Dieses Wadi, das uns für einige Tage als Lager dienen sollte, war einerseits schöner als der vorige Lagerplatz, andererseits aber auch noch enger und unübersichtlicher. Nicht nur dort, wo wir unsere Schlafsäcke ausbreiteten, sondern auch auf dem Felsabsatz weiter oben, auf dem die Muftis lagerten, befanden sich kleine Wasserstellen. Seitlich in den hohen Felswänden fand ich verschiedene Höhlen, die allerdings voller Muflon-Kot waren und einen entsprechenden Gestank ausströmten.

In einer der Höhlen setzte ich mich nieder, um eine Weile allein zu sein. Wegen des Gestanks beschloss ich aber, mir meinen Schafplatz außerhalb der Höhlen zu suchen. Wie ich kurz darauf von Abdel Hak erfuhr, war das eine gute Idee, denn die Höhlen waren außerdem von Sandflöhen bevölkert!

»Wie lange werden wir hier bleiben?«, fragte ich, um mich auf irgendetwas einstellen zu können. »Einige Tage«, antwortete er. »Wir müssen hier die Verhandlungen in Algier abwarten, denn Schröders Mitarbeiter ist inzwischen eingetroffen.«

Das war eine Neuigkeit, die ich auf gar keinen Fall für mich behalten wollte.

»Die Verhandlungen haben begonnen!«, rief ich Kurt schon von weitem zu, sodass die anderen es ebenfalls hörten.

»Macht euch auf weitere 14 Tage gefasst«, dämpfte Kurt die allgemeine Euphorie. »Solche Verhandlungen können sich hinziehen.«

»Wenn ich genau wüsste, dass ich in 14 Tagen frei bin, dann wären diese zwei Wochen für mich kein Problem«, sagte ich laut, um mir und den anderen Mut zu machen.

»Das ist nur ein Drittel der Zeit, die wir bereits hinter uns haben!«, bemerkte Thomas lachend. Auch ihm erschienen zwei Wochen nun nicht mehr lang.

◆ ◆ ◆

Am nächsten Tag legten wir gleich nach dem Frühstück das Areal fest, das als Toilettenplatz dienen sollte. An jedem unserer Lagerplätze hatten wir eine bestimmte Fläche für unsere körperlichen Bedürfnisse reserviert, um den Rest des Platzes frei von Fäkalien zu halten. Im Gegensatz zu den Muftis hatten wir es uns zur Angewohnheit gemacht, unsere Exkremente zu vergraben und den Platz mit zwei Steinen zu kennzeichnen, damit nicht ein anderer dieselbe Stelle wählte.

In dem Wadi, in dem wir nun lagerten, hatten wir nur wenig Platz dafür gefunden, sodass wir nur hoffen konnten, nicht allzu lange an diesem Ort zu bleiben.

Alle waren dazu ermahnt worden, das Toilettenpapier mit größter Sparsamkeit zu verwenden, denn es war mittlerweile nur noch eine Rolle übrig. Wieder gab es einige, die sich darum aber nicht zu kümmern schienen – sie verbrauchten das Klopapier unter anderem auch zum Filtern des Trinkwassers, in dem wie meistens ein paar Sandkörnchen und winzige Insekten herumschwammen. Wir anderen filterten das Trinkwasser schon lange nicht mehr, denn es hatte sich herausgestellt, dass diese Verunreinigungen weder den Geschmack beeinträchtigten noch gesundheitsschädlich waren.

Nach dem Frühstück lagen alle faul in der Sonne und lasen in den wenigen Büchern, die wir nach wie vor mit uns herumschleppten. Ich hatte bereits drei Anläufe unternommen, »Der Alte Mann und das Meer« von Ernest Hemingway zu lesen, war jedoch nie über das dritte Kapitel hinausgekommen, weil ich die Geschichte ziemlich langweilig fand. Alle anderen Bücher hatte ich aber ohnehin schon gelesen.

Weil ich mich über den Papierverbrauch von Leni und Gerd Bachmann mächtig geärgert hatte, kam es mir recht gelegen, dass Horst Lust auf einen Spaziergang hatte. Am äußeren Ende unseres Lagerplatzes, dort, wo das Wadi etwa 50 Meter breit war, hatte sich ein Mufti postiert, den wir wegen eines fehlenden Zahns im Oberkiefer »Zahnlücke« nannten. Kurt hatte mir erzählt, dass dieser Mann früher Hirte gewesen sei. Er sei eines Tages mit seiner Herde in ein Gebiet gezogen, in dem er sich nicht aufhalten durfte, sei vom Militär aufgegriffen, für fünf Jahre ins Gefängnis gesteckt und dort regelmäßig gefoltert worden. Als er schließlich durch eine Amnestie wieder freikam, fand er kein einziges Mitglied seiner Familie mehr vor und erfuhr niemals, was mit ihnen geschehen war.

Dieser vom Schicksal gezeichnete Mann stand nun also bei unserem Lagerplatz Wache. Wir versuchten ihm auf Französisch zu erklären, dass wir einen Spaziergang machen wollten. Zahnlücke nickte lächelnd, wobei er kurz den Blick auf seinen fehlenden Schneidezahn freigab, und wir gingen mit einem kurzen Gruß weiter, um das mit Felsen übersäte Gebiet außerhalb des Lagerplatzes zu erkunden. Wir hegten die Hoffnung, ein weiteres Guelta zu finden, in dem wir uns womöglich ausgiebig waschen könnten. Jedes Mal, wenn wir einen Felsen umrundeten, der uns die Sicht versperrte, vermuteten wir hinter der nächsten Felsnase ein Guelta, und so kam es, dass wir die Zeit vergaßen und uns immer weiter vom Lager entfernten. Wir fühlten uns wie kleine Jungs, die herumstrolchten, ohne den Eltern vorher Bescheid gesagt zu haben, wie lange sie fort bleiben würden. Es war ein herrliches Gefühl, sich so treiben zu lassen und nur den eigenen Impulsen zu folgen, fernab aller Regeln, die die Muftis aufgestellt hatten.

Ich vermute, dass wir ein bis zwei Stunden auf diese Weise unterwegs waren, bis wir endlich auf die Idee kamen, den Rückweg anzutreten. »Weißt du überhaupt noch, wo es lang ging?«, fragte ich Horst, als mit einem explosionsartigen Knall eine Kugel höchstens fünf Meter von uns entfernt in einen Felsen einschlug. Wir erschraken dermaßen, dass wir fast rücklings umgekippt wären. »Hilfe!«, schrien wir gleichzeitig laut auf. Dann sahen wir in etwa 200 Meter Entfernung den Schützen oben auf einem der umliegenden Plateaus. Er schrie unverständliche arabische Sätze und drohte mit seiner Kalaschnikow immer wieder in unsere Richtung.

Um ihn zu beruhigen, riss ich mir mein T-Shirt vom Leib und winkte ihm damit – ein Zeichen, dass wir friedliche Absichten hatten und auf keinen Fall weitergehen würden.

»Hat er auf uns gezielt oder absichtlich daneben geschossen?« fragte Horst verdutzt.

»Wenn das ein Warnschuss war, dann muss der Kerl schon ein verdammt guter Schütze sein!«, gab ich zurück.

Mit Gesten signalisierten wir dem Gotteskrieger, dass wir nun den Rückweg antreten würden, und rannten los, bis wir kaum noch Luft bekamen. Ich frage mich, wie wir es geschafft haben, den Rückweg in gut 20 Minuten zurückzulegen – es muss wohl die Angst vor weiteren Kugeln gewesen sein, die uns Beine machte. Auf halbem Weg begegnete uns Zahnlücke mit seiner Schrotflinte, der uns grimmig den Weg zurück ins Lager wies.

Im Lager herrschte große Aufregung wegen unserer Abwesenheit. Anscheinend hatte niemand gewusst, wo wir abgeblieben waren – weder die anderen aus unserer Gruppe noch die Muftis. Auch Zahnlücke hatte nur die Achseln gezuckt, da er gar kein Französisch verstand und unsere Absichten offensichtlich fehlinterpretiert hatte.

Horst Abendroth sollte jedenfalls bei Abdel Hak erscheinen, wurde uns mitgeteilt.

Sicherheitshalber versteckten wir uns erst mal eine halbe Stunde lang wie die Schulbuben in einer der Höhlen, ehe Horst nach oben ins Lager der Muftis stieg, um sich eine Gardinenpredigt abzuholen.

Sichtlich entspannt kehrte er nach einer Weile von dort zurück. »Alles halb so wild«, verkündete er. »Wenn es noch mal jemandem einfallen sollte, sich zu weit vom Lager zu entfernen, dann gibt es keine Warnschüsse mehr, sondern es wird scharf geschossen!«

Der nächste Schrecken wartete schon auf uns: Lautes Schreien und Fluchen, begleitet von »*Jallah, jallah – camouflage!*«, kündigte einen Fliegeralarm an. Eilig wurden sogar Töpfe und Löffel in die Höhle geworfen, damit nicht etwa ein verräterisches Blinken vom Flugzeug aus zu erkennen wäre. Dann hechteten wir hinterher, fast schon mechanisch, ohne über die Bedeutung nachzudenken. »*Merde!*«, hörte ich Abdel Hak schreien, ehe er in einer der Höhlen verschwand. Erst in der Höhle wurde uns klar, dass es nun für die Muftis einen Grund gab, nicht zu verhandeln. Am Motorengeräusch des Flugzeugs ließ sich nämlich unschwer erkennen, dass es sich um eine Propellermaschine handelte – ein Suchflugzeug also und nicht etwa eine Linienmaschine!

Die Muftis nahmen das Auftauchen des Flugzeugs ähnlich unmutig auf wie wir – ein Ende unserer Gefangenschaft hätte auch für sie eine große Entlastung bedeutet.

Als ich an jenem Abend in meinen Schlafsack kroch, genoss ich die Erinnerung an unseren unbeschwerten Spaziergang – unbeschwert allerdings nur, bis der Schuss gefallen war! Aus meiner Heimat Schweden war ich es gewöhnt, stundenlang in der Natur umherzustreifen, ohne einer Menschenseele zu begegnen. Es ging mir zunehmend auf die Nerven, dass ich mich während dieser Gefangenschaft ständig unfreiwillig in Gesellschaft befand. Dass es nicht möglich war, der Gemeinschaft zu entfliehen, zeigte nur einmal mehr, dass ich – dass wir alle – in viel höherem Maß in unserer Freiheit eingeschränkt wurden, als wir uns selbst eingestehen mochten. Wenn Kurt Recht hatte, so beruhigte ich mich, dann würden wir in zwei Wochen frei sein, und bis dahin würden wir es hoffentlich noch aushalten, ohne durchzudrehen. Doch dann fiel mir wieder das Flugzeug ein, vor dem wir uns nachmittags versteckt hatten, und ich verfiel in eine hoffnungslose Stimmung. An Schlaf, so sehr ich ihn auch herbeisehnte, war vorerst nicht mehr zu denken.

Um dennoch endlich einschlafen zu können, stellte ich mir vor, mich in einen Vogel zu verwandeln, der sich mühelos in die Lüfte erheben und aus diesem Tal hinaus bis nach Hause fliegen konnte.

Meine immer noch geöffneten Augen sahen schon von weitem die roten Lichter des voll beleuchteten Flugzeugs, das kurz darauf das Wadi überflog und mit dem Brummen seiner Propeller alle aufweckte.

◆ ◆ ◆

Der 44. Tag unserer Gefangenschaft begann mit dem altgewohnten Grießbrei, der mir desto weniger willkommen war, nachdem es viele Tage hintereinander süßen Reis gegeben hatte, der mir besser schmeckte als der Brei.

Da ich fürchtete, dass das Wasser in unserem kleinen Guelta zu schnell verbraucht würde, hatte ich schon am Tag unserer Ankunft eine Messlatte zugeschnitten, mit der ich den Wasserstand kontrollierte. Mittlerweile wusste ich: Durch Verdunstung und Verbrauch sank der Pegel täglich um zehn Zentimeter. Das war fatal, denn das Wasserloch war anfänglich nur 90 Zentimeter tief gewesen.

Während ich mich mit dem Wasserpegel und den Libellen beschäftigte, die über dem Guelta lautlos ihre Kreise zogen, baute Reno nach der nun schon bewährten Methode eine Sonnenuhr, damit die Zeit ebenfalls gemessen werden konnte.

An diesem Tag wollte sie allerdings nicht so schnell vergehen wie am Tag zuvor. Um sich die Zeit zu vertreiben, ging Hubert zu Abdel Hak und bat ihn um eine Schere. »Braucht jemand einen Kurzhaarschnitt?«, fragte ich meine herumdösenden Leidensgenossen.

Horst war der Erste, der sich von mir sein graues Haar akkurat zurechtstutzten ließ. Ich machte es so, wie ich es bei Andrea, die mir daheim immer die Haare schnitt, beobachtet hatte. Dann meldete sich Gerd Bachmann, dem ich sein schon schütter werdendes Haar ebenfalls kürzte, bis schließlich auch Hubert auf mich zutrat. »Kannst du mir eine Glatze schneiden?«, fragte er mit einem zweifelnden Blick auf Abdel Haks Schere, die ihm dafür wohl nicht geeignet erschien.

Abdel Hak kam auf unsere Nachfrage nach einer Weile mit einem Rasierapparat – einem schon etwas älteren Modell mit Klinge – an und machte sich persönlich ans Werk. Ohne Rasierschaum, nur mit Wasser rasierte er den Kopf des Tirolers, bis dieser tatsächlich mit einer Glatze vor uns saß, aus der an einigen Stellen ein paar Blutstropfen quollen.

Nun sah er aus wie viele junge Männer, die auf die Idee kommen, eine Glatze zu tragen. Seine klaren Gesichtszüge erweckten den Eindruck, als könnten sie nichts verbergen. In dem nun schutzlos den Blicken preisgegebenen Gesicht sah ich große Ernsthaftigkeit und eindringliche, fragende Augen.

Mir fiel auf, dass sich keine der Frauen gemeldet hatte. Allerdings hatte Anke, die die längsten Haare von allen gehabt hatte, ihre blonde Mähne schon am letzten Lagerplatz um ganze 20 Zentimeter gekürzt!

Doris brachte einen Taschenspiegel, in dem sich jeder betrachten konnte. Alle waren zufrieden. Auch ich nahm den Spiegel, um zum ersten Mal seit Wochen mein eigenes Gesicht zu betrachten. Ich erschrak mächtig, als mir im Spiegel ein fremder, bärtiger, um Jahre gealterter Mann aus glanzlosen Augen entgegenblickte.

◆ ◆ ◆

Der vierte Mai war der 45. Tag unserer Gefangenschaft. Als ich die Zettelsammlung betrachtete, die mein Tagebuch darstellte, fiel mir auf, dass die beiden Zahlen jeweils eine Vier und eine Fünf enthielten – Quersumme neun. Was das bedeutete, wusste ich nicht, denn ich hatte mich mit derlei Themen noch nie befasst. Dennoch beschloss ich, die Vier und die Fünf als verheißungsvoll anzusehen und nicht etwa als böses Omen.

Diesen Tag wollte ich der Körperpflege und dem Wäschewaschen widmen – nicht zuletzt weil mich am Vortag mein Spiegelbild so erschüttert hatte.

Die Aktion dauerte Stunden, denn ich ließ mir bewusst Zeit für alles, da es ohnehin nichts anderes zu tun gab. Während ich noch darauf wartete, dass meine Wäsche trocknete, hörte ich von Hubert, dass Abdel Hak fünf Freiwillige suchte, die ordentlich bei Kräften waren und gute Schuhe hatten. Frauen kamen allerdings für das Vorhaben nicht infrage.

»Geht es um einen Spaziergang?«, erkundigte ich mich.

Hubert wusste nichts Genaues. »Soweit ich es verstanden habe, geht es um einen Nachtmarsch zum Emir, mit dem wir Tee trinken sollen.«

»Hat es etwas mit den Lösegeldverhandlungen zu tun?«, fragte ich weiter, aber auch die anderen wussten nicht mehr als Hubert.

Ich meldete mich spontan, ohne zu überlegen. Das glaubte ich den anderen schuldig zu sein, nachdem ich schließlich erst am Vortag meine Vorliebe für längere Wanderungen demonstriert hatte. Hätte ich allerdings gewusst, was ich später über diese Unternehmung erfuhr, so hätte ich mich wohl kaum als Teilnehmer angeboten.

Auch Christian wollte mit von der Partie sein, aber Horst wies sein Angebot sofort zurück. »Schau dir mal deine Schuhe an! Damit kannst du keinen langen Marsch überstehen!« Der Sohn gab sich geschlagen, obwohl das Argument wenig stichhaltig war – seine Schuhe waren nicht schlechter als meine.

Vor mir hatten sich bereits Ingo, Ernst, Hubert und Thomas gemeldet. Die gesuchten fünf waren nun also gefunden, und Abdel Hak war zufrieden. »Kein Gepäck!«, war die einzige Anweisung, die er uns für die Vorbereitungen gab.

Abends gab es Kraftfutter für uns: Reis, der mit sehr viel Zucker gekocht war.

Ernst vermutete, dass der Emir per Satellitentelefon in die laufenden Verhandlungen in Algier eingreifen wollte. Wahrscheinlich brauchte er uns, um zu demonstrieren, dass wir noch lebten und wohlauf waren.

Es war schon fast dunkel, als wir gegen 20 Uhr den Aufstieg aus dem Wadi begannen. Als wir am Mufti-Lager vorbeikamen, sahen wir Djedet, der gerade die Funk-Anlage abbaute. »Gibt's was Neues?«, fragte ich, aber er schüttelte wortlos den Kopf.

Wir hatten nicht erwartet, bei unserem Marsch von gleich neun Gotteskriegern begleitet zu werden. Unter ihnen waren auch Abdullah, Djedet und Abdel Hak, von dem wir eigentlich angenommen hatten, dass er das Lager nicht verlassen würde.

Die Aussicht darauf, dass die bevorstehenden Ereignisse unser Schicksal wenden könnten, beflügelten meine und Huberts Schritte. Nach kurzer Zeit hatten wir uns an die Spitze des Trupps gesetzt und liefen allen voran in Richtung Norden, so wie Abdel Hak uns angewiesen hatte. Dass wir nur schemenhaft sehen konnten, störte mich nicht – ich orientierte mich an dem seltsamen Leuchten, das von Huberts nackten Beinen ausging. Es erhellte den Weg vor mir wie mit einer Taschenlampe, sodass ich mich mehrfach umdrehte, um die Quelle dieses Lichts auszumachen. Ich war mir sicher, dass hinter uns jemand mit einer eingeschalteten Taschenlampe gehen musste, der das Licht direkt auf Huberts Beine gerichtet hatte. Doch wenn ich mich umdrehte, war merkwürdigerweise alles dunkel. Kaum hatte ich mich wieder nach vorn gewandt, war das Leuchten von Huberts Beinen wieder da! Schließlich nahm ich das Phänomen einfach hin, ohne weiter nach einer Erklärung dafür zu suchen. Weil Huberts Beine

161

den Weg beleuchteten, stürzte oder strauchelte ich kein einziges Mal, so, als ob ich einen Schutzengel bei mir hätte!

Es mag gegen halb zwei Uhr nachts gewesen sein, als wir auf einen Übernachtungsplatz für Karawanen stießen – ein größeres Areal, das von Steinen und Felsbrocken befreit worden war, damit Kamele und Menschen sich dort niederlegen konnten.

An Schlafen war in unserem Fall allerdings nicht zu denken. Nun, da wir saßen und nicht mehr in Bewegung waren, stellten wir fest, dass es bitterkalt war – womöglich herrschten sogar Minusgrade. Hubert und ich lehnten uns dicht aneinander, denn wir trugen beide nur T-Shirts und zitterten vor Kälte. Ich dachte daran, herumzugehen, damit mein Körper nicht unterkühlte. Dennoch müssen wir irgendwann eingeschlafen sein, denn wir erwachten – immer noch bibbernd – um vier Uhr morgens, als die Muftis mit ihrem Gebet begannen. Sie hatten sich etwa 20 Meter entfernt von uns aufgereiht, die Gesichter gen Osten gerichtet. Wir sahen ihre Silhouetten im Licht der aufgehenden Sonne und waren nicht zum ersten Mal überwältigt von der Kraft und Inbrunst, die von ihrem an- und abschwellenden Singsang ausging.

Undeutlich erinnerte ich mich, von Gefahren geträumt zu haben, die überall lauerten und meine Schritte lähmten, bis ich meine Fußsohlen nicht mehr vom Boden lösen konnte.

Ohne eine Stärkung in Form von Tee oder Nahrung ging es dann noch mal zwei Stunden weiter, nun nach Westen, sodass wir das Licht der aufgehenden Sonne im Rücken hatten, als wir uns dem Eingang eines Wadis näherten. Reifenspuren an den wenigen sandigen Stellen deuteten darauf hin, dass wir uns auf einer Piste oder in der Nähe einer solchen befanden. Ein paar Kilometer entfernt ragte ein pyramidenförmiger

Berg auf, der offensichtlich das Ziel unserer Wanderung war. Würde uns der Emir dort auf dem Berg den Tee servieren, zu dem wir eingeladen waren?

Abdel Hak suchte die Umgebung und den Horizont mit einem Fernglas ab und entdeckte in etwa 500 Meter Entfernung zwischen uns und dem Berg die Gestalt eines Menschen, der mit einiger Mühe und Konzentration auch ohne Fernglas als kleiner Punkt in der Landschaft zu sehen war.

Beunruhigt befahl der Gotteskrieger uns allen, auf allen Vieren zum Ausgang des Wadis zurückzukriechen. Mir war klar: Für den Menschen da vorn waren wir genau so gut zu sehen wie er für uns!

Wieder am Wadiausgang angelangt, liefen wir geduckt etwa einen Kilometer weiter, bis wir ein Seitenwadi erreichten, in dem wir wieder aufrecht gehen konnten. Nachdem wir uns dort unter einem Felsvorsprung versteckt hatten, stellte ich fest, dass nur noch fünf der neun Muftis bei uns waren.

»Glaubst du, dass es noch eine Chance gibt, den Emir zu treffen?«, fragte ich Ernst, der sich neben mich gesetzt hatte. Wahrscheinlich spürte er, dass es mir hundeelend ging, nachdem wir so kurz vor dem Ziel den Rückzug angetreten hatten.

»Lass dich nicht so runterziehen von diesem merkwürdigen Marsch!«, versuchte er mich zu beruhigen. »Die Muftis haben vor dem Berg eine Gefahr gewittert. Deshalb war es wahrscheinlich richtig, den ursprünglichen Plan aufzugeben. Wer weiß, was der Emir mit uns vorhatte!«

»Ich dachte, dass nun Bewegung in die Sache kommt! Jetzt ist wieder alles beim Alten, und keiner weiß, wann wir nun freikommen!«

Ernst klopfte mir aufmunternd auf die Schulter. »Wir werden schon freikommen, Harald. Sei froh, dass sie vorhin nicht unser aller Leben riskiert haben!«

Irgendwann bekamen wir eine Hand voll Datteln zu essen und konnten an einer kleinen Wasserstelle unsere Trinkvorräte auffüllen. Aber erst am späten Nachmittag machten wir uns auf den Rückmarsch. Überraschenderweise hatten wir diesen in wenigen Stunden bewältigt – wir mussten auf dem Hinweg also einen großen Umweg gelaufen sein!

Im Lager wurden wir freudig begrüßt. Dass wir den Emir nicht getroffen hatten, schien niemanden zu bestürzen. Wichtiger war offensichtlich, dass wir alle wohlbehalten wieder zurückgekommen waren!

KAPITEL 9

FRIEDEN SCHLIESSEN

6. Mai – 9. Mai

Am 6. Mai, dem 47. Tag unserer Gefangenschaft, war die allgemeine Stimmung auf dem Tiefpunkt – nicht nur weil das Treffen mit dem Emir nicht zustande gekommen war, sondern vor allem wegen der ständig steigenden Temperatur, die unsere ausgezehrten Körper täglich mehr belastete.

Offensichtlich verspürte jeder das Bedürfnis nach Rückzug, und so verzichteten wir bis zum Nachmittag auf die gewohnten Unterhaltungen. Aus dem Weg gehen konnten wir uns allerdings nicht, da der Lagerplatz nicht groß genug war.

Erst als die sengende Sonne allmählich schwächer wurde, brachte uns Jaffa die Nachricht, dass wir in Kürze weitermarschieren würden.

Obwohl alle außer Kurt und den Bachmanns nur wenige Sachen mit sich führten, brauchten wir jedes Mal länger zum Packen – als ob wir uns auf diese Weise selbst vorgaukeln wollten, wir seien normale Reisende, die stundenlang Sachen ein- und wieder umpacken, bis sie startbereit sind.

Rückblickend bin ich mir darüber im Klaren, dass eine Unterhose, ein Hemd, eine Zahnbürste, Zahnpasta und ein Schlafsack in zwei Minuten gepackt sein können und keine große Belastung beim Tragen darstellen. Damals hatten sich die Relationen aber verschoben. Wenn wir hörten, dass Aufbruch angesagt war, gerieten wir richtiggehend in Stress!

Der Aufstieg aus dem Wadi mitsamt Kochtopf, Funk- und Solaranlage war genau so schwierig wie der Abstieg. Da in dieser Situation aber jeder jedem half, diente die Mühsal – wenn auch nur kurzfristig – unserem Gruppenzusammenhalt, in den auch die Muftis eingeschlossen waren.

Als wir uns endlich oben auf dem Plateau versammelt hatten, kündigte Abdel Hak eine neue Variante des Marschierens an: Jeder von uns bekam einen eigenen Führer zugeteilt, dem er getrennt von den anderen auf einem gesonderten Pfad über die Felsen folgen sollte. Wir sollten darauf achten, immer genau in die Fußstapfen des jeweiligen Führers zu treten.

»Haben die hier Tellerminen verlegt, oder wozu soll das gut sein?«, fragte Ingo konsterniert.

»Das glaube ich kaum – wozu sollten sie das Risiko eingehen, sich selbst und uns außer Gefecht zu setzen? Vielleicht geht es nur darum, keine Spuren zu hinterlassen«, überlegte Hubert laut.

Zu meiner Freude bekam ich Djedet als Führer zugeteilt. Ich mochte den stets wohl gelaunten Mann, dessen Stimme mir durch Mark und Bein ging, wenn ich den Gebeten lauschte. Aus meiner Sicht hätte dieser charismatische junge Bursche, von dem ich wusste, dass er einmal Geologie studiert hatte, das Zeug zum Popstar, mindestens aber zum Frauenhelden gehabt. Warum er den Salafisten angehörte, hatte er bislang noch nicht verraten.

Vertrauensvoll folgte ich also jedem seiner Schritte. In mehreren hundert Metern Abstand voneinander liefen die anderen Gruppen, so dass wir fast fächerförmig vom Plateau wegstrebten. Ich sah, dass Djedet nie auf erdige und sandige Flächen trat, sondern nur auf Felsstücke, und tat das Gleiche – die Vorstellung, von einer Tellermine zerfetzt zu werden, ließ mich genau auf meine Schritte achten.

Nach etwa einer halben Stunde trafen sich die einzelnen Grüppchen an einem von Abdel Hak festgelegten Ort wieder.

Es war mittlerweile schon fast dunkel, sodass ich mehr ahnte als sah, dass Horst mitsamt Führer noch nicht zu uns gestoßen war. Dennoch marschierten wir, diesmal in Kolonne, einfach weiter, ohne dass jemand auf das Fehlen der beiden eingegangen wäre. Für Andi Hagen war der Marsch in zweierlei Hinsicht besonders beschwerlich – zum einen weil er aufgrund seines fehlenden Armes eingeschränkt war, zum anderen weil er in den Fußsohlen keinerlei Gefühl mehr besaß – das waren schlimme Beschwerden, die infolge eines schweren Unfalls aufgetreten waren. Unter diesen Umständen war es nicht verwunderlich, dass der tapfere Andi im Dunkeln stürzte und sich Arme und Knie aufschlug.

»Gib mir dein Gepäck!«, forderte ich ihn auf, nachdem wir ihm wieder auf die Füße geholfen hatten. Er reichte es mir wortlos, und ich schulterte seinen Schlafsack, dessen Gewicht mich überraschte – es kam mir vor, als müsse er Felsbrocken darin eingewickelt haben. Auch Hubert, der mir eine Stunde später den Schlafsack abnahm, wunderte sich über die schwere Last.

Erst gegen Mitternacht konnten wir uns in einer Senke zum Schlafen legen. Es war so dunkel, dass ich die anderen kaum sehen konnte. Durch Nachfragen fand ich jedoch heraus, dass Horst und sein Führer tatsächlich verschwunden waren.

◆ ◆ ◆

Das Gebet der Gotteskrieger weckte uns bereits bei Sonnenaufgang. Mit verdrießlichem Gesicht schälte sich Doris, die in meiner Nähe lag, aus ihrem Schlafsack.

»Hast du schlecht geschlafen?«, erkundigte ich mich, selbst noch ein wenig benommen im Kopf.

»Nicht besonders«, antwortete sie und stieß dann mit ungewohnter Heftigkeit hervor: »Vor dem Einschlafen habe ich Wurst gerochen!«

»Wie das?«

»Irgendwer hat eine Dose Wurst geöffnet – da bin ich mir ganz sicher!«

»Haben wir eigentlich noch Vorräte?«, fragte Ernst, der nun ebenfalls erwacht war.

Ich überlegte. »Wir haben die Lebensmittel auf mehrere Leute verteilt, damit nicht einer allein so viel tragen muss.«

»Von denen ist es wahrscheinlich keiner«, murmelte Doris, während sie ihren Schlafsack zusammenrollte.

◆ ◆ ◆

Drei Stunden später, also gegen sieben Uhr morgens, gelangten wir an den Eingang eines Wadi, das weniger Möglichkeiten zum Verstecken bot als die vorigen Lagerplätze. Offensichtlich rechneten die Muftis mit weiteren Suchflugzeugen, denn sie hatten Bedenken, uns auf dem freien Gelände lagern zu lassen. Ein Teil der Gruppe hatte in einer Höhle Unterschlupf gefunden. Nun suchten die Übrigen, zu denen auch ich gehörte, ein weiteres Versteck, das uns vor den wachsamen Blicken eines Piloten schützen würde.

Gemeinsam mit Dr. Stanglmeier, Hubert, Thomas und Ingo kletterte ich seitlich zu einer etwa zehn Meter höheren Felsenansammlung, in deren Hohlräumen wir schließlich Platz genug zum Verstecken fanden. Allerdings nicht Platz genug, um eine meiner klaustrophobischen Attacken zu verhindern – da die übereinander liegenden Felsen kaum einen Blick nach draußen freigaben, hatte ich nach einiger Zeit das Gefühl, nicht ausreichend Luft zu bekommen. Mein Brustkorb wollte sich weiten, doch das Gegenteil geschah. Ich glaubte platzen zu müssen vor Enge. Hastig zwängte ich mich an den anderen vorbei hinaus ins Freie, wo ich erst einmal heftig nach Luft schnappte. Als ich mich beruhigt hatte, ging ich nach unten zu den Übrigen, die ebenfalls keine Lust mehr hatten, in ihrer stickigen Höhle herumzusitzen. Die Muftis schienen nichts dagegen zu haben, dass wir wieder ins Freie kamen. Offensichtlich hatten sie wie wir Hunger, denn ohne Rücksicht auf etwaige Flugzeuge begannen sie Brei zu kochen. Drei der Muftis sah ich mit der Funk- und Solaranlage das Lager verlassen.

Als wir endlich bei Brei und Tee zusammensaßen, fragte ich Abdullah nach dem Stand der Verhandlungen. Er stieß einen langen Seufzer aus, ehe er antwortete: »Ihr könntet längst frei sein, wenn das Militär endlich mit den Suchflügen aufhören würde! Die Vertreter der deutschen und der österreichischen Regierung sind ziemlich sauer darüber.«

Ich konnte es kaum fassen – unsere Freilassung schien bereits greifbar nahe, und dennoch saßen wir immer noch hier! Wollte das Militär etwa die Geiselnehmer mitsamt Geiseln töten, um nicht andere Salafisten zu ähnlichen Taten zu ermutigen?

Nach dem Frühstück zog ich mich mit Doris und Ernst, Andi Hagen und Ingo hinter einen Felsen zurück, um Ordnung in meine Gedanken zu bringen. Es war kaum vorstellbar, dass alle Suchflüge der letzten Wochen kein Ergebnis gebracht hatten. Möglicherweise wusste das Militär längst, in welchen Wadis wir uns versteckt hielten, und wartete nur auf einen günstigen Moment, um uns alle zu liquidieren. Weder empfanden wir unsere Entführer als unsere Feinde noch das Militär als unseren Freund. In uns allen hatte sich längst das Gefühl breit gemacht, zwischen allen Fronten zu sitzen, und wir fürchteten, dieses Niemandsland womöglich nicht mehr verlassen zu können.

Wir hatten nicht bemerkt, dass wir hinter dem Felsen saßen, vor dem Leni und Gerd Bachmann ihr Lager aufgeschlagen hatten. Plötzlich hörten wir vernehmlich eine Stimme auf der anderen Seite des Felsens: »Nimm dir noch ein Stück Wurst, damit du bei Kräften bleibst! Aber lass noch etwas übrig – man kann ja nie wissen!«

Wir vier starrten uns fassungslos an. »Da seht ihr's!«, raunte Doris. »Ich hatte schon länger einen solchen Verdacht. Wer von uns hat wohl damals die Salami verschwinden lassen? Wer weiß, welche Vorräte die sonst noch vor uns versteckt haben!«

»Wir müssen sie zur Rede stellen«, entschied ich hablaut. »So kann das doch nicht weitergehen!«

Aber Ingo war dagegen. »Es ist besser, wenn wir die Klappe halten! Ihr wisst doch, wie das ist – sie würden niemals etwas zugeben. Und wenn wir einen richtigen Streit riskieren, bekommen wir es mit den Muftis zu tun!«

»Wieso?«, fragten Andi Hagen und ich wie aus einem Mund.

»Nachdem Toni Reno an die Gurgel gegangen war, haben sie uns klar gemacht, dass sie keine Streitereien unter uns dulden!«

Doris pflichtete ihm bei, und auch Ernst befand: »Wenn wir sie einfach links liegen lassen, ist das Problem doch gelöst!« Schließlich stimmten alle zu.

Abends stellte ich fest, dass Horst und sein Führer immer noch nicht aufgetaucht waren. Christian versuchte, die Fassung zu bewahren, doch ich sah ihm an, dass es ihm schwer fiel.

»Kopf hoch, Christian!«, versuchte ich ihn aufzumuntern. »Deinem Vater kann nicht viel passiert sein. Die beiden haben sich sicher nur verlaufen!«

Christian sah mich zweifelnd an und murmelte: »Ja, sicher – ich mach mir auch keine ernsthaften Sorgen …«

Keiner war traurig, als wir bereits am nächsten Morgen dieses unwirtliche Wadi wieder verließen – hoffentlich um zu einem schöneren Platz zu ziehen. Gleich nach dem Frühstück marschierten wir weiter. Die Muftis schienen genau zu wissen wohin, denn bereits nach fünf Kilometern hatten wir ein Wadi erreicht, das mir wegen seiner besonderen Schönheit in Erinnerung geblieben ist. Hinter einem Knick, den der ehemalige Flusslauf nach einigen hundert Metern machte, stießen wir auf ein großes Guelta, weiträumig von Büschen und Bäumen umstanden. Rechts davon befand sich ein Felsenloch, das einen natürlichen Durchgang zu dem dahinter liegenden Gelände bildete. Wir blickten auf mit Büschen bewachsene Dämme, die der nunmehr ausgetrocknete Wasserlauf hinterlassen hatte, und auf einen riesigen Felsüberhang, der den ganzen Tag lang ausreichend Schatten bot.

»*Venez, venez!*« Abdullah hatte sich direkt am Felsloch postiert und pfiff uns zurück. Aus nicht nachvollziehbaren Gründen sollten wir auf dem Gelände vor dem Felsloch, rund um das Guelta, lagern. Murrend zogen wir zur Wasserstelle und suchten uns einen Schlafplatz, der möglichst viele Vorteile auf einmal bot.

Mir persönlich war es wichtig, einen guten Überblick zu haben und nicht von Felswänden optisch erdrückt zu werden. Ich suchte mir deshalb gemeinsam mit Andi einen Schlafplatz am Felshang, der gute 20 Meter höher lag als der von Doris und Ernst, die den schönsten Platz ergattert hatten – oberhalb der Wasserstelle, mit einem Panoramablick über den vorderen Teil des Wadis.

Von oben konnten wir beobachten, wie Hubert und Thomas ihr gelbes Iglu aufstellten. Sie hatten das Zelt auf allen Wanderungen mit sich getragen, denn es bot ihnen den Luxus, sich nachts nicht mit Fliegen und Mücken herumärgern zu müssen. Einige andere Mitglieder unserer Gruppe waren gerade dabei, sich in kleinen Felsspalten und unter Felsüberhängen auf dem gegenüberliegenden Hang einzunisten.

Dann entdeckte ich auch die drei Muftis, die am Vortag mit der Funk- und Solaranlage davonmarschiert waren. Wir hatten also nach wie vor Kontakt zur Außenwelt!

»Glaubst du, dass Gerd uns seine Plane leihen würde?«, fragte mich Doris.

»Meinst du die Plane, die er in seinem Rucksack mit sich herumträgt, ohne sie zu benutzen?«, fragte ich zurück.

»Genau die. Der Felsboden ist nämlich ziemlich uneben – wir könnten die Plane gut gebrauchen.«

Doris stieg den Hang hinab, um unten Gerd und Leni Bachmann zu suchen, die wie Dr. Stanglmeier die Angewohnheit hatten, etwas abseits der anderen zu lagern.

Ich verfolgte Doris mit den Blicken. Sie musste bis zum Taleingang laufen, um Vater und Tochter Bachmann zu finden. Das Gespräch mit den beiden dauerte allerdings nicht besonders lange. Mit schnellen Schritten sah ich sie zurückkommen – ohne die Plane!

Ich gebe zu, die Situation machte mich wütend. ›Warum rückt er die Plane nicht raus, wenn er sie gar nicht braucht?‹, fragte ich mich wieder und wieder. Warum schämten die beiden sich nicht, der Gemeinschaft Vorräte vorzuenthalten, um sie heimlich selbst zu futtern? Und dabei gab Bachmann sich als Wüstenreisender mit 30-jähriger Erfahrung aus und behauptete, er würde jedem helfen, der in Not sei – wovon ich jedenfalls noch nichts bemerkt hatte.

Wohin mit meiner Wut? Ich kletterte den Hang hinunter zu Abdullah, vor dem zwei Hosen lagen: die von Reno und die von Dr. Stanglmeier mit der geplatzten Rücknaht. Abdullah zeigte mit einer grimmigen Geste auf Stanglmeiers Hose. Sie entsprach nicht den Kleidervorschriften, da sie nur bis zum Knie ging. Schlimmer aber war die kaputte Naht – in den Augen der Gotteskrieger unzumutbar. Abdullah hatte beschlossen, die Naht zuzunähen, da Stanglmeier offensichtlich nicht bereit war, eine andere Hose als diese zu tragen.

Während ich Abdullah dabei beobachtete, wie er einen Faden durch das Öhr einer Nadel zu zwängen versuchte, hörte ich Stimmengewirr in der Nähe des Gueltas. Dort stand Horst mit seinem Führer und zwei weiteren Muftis, umringt von Christian, Toni, Ingo und Kurt, die sich lautstark über seine Wiederkehr freuten. An Horsts Lachen war zu erkennen, dass ihm und dem Führer, einem etwa 18-jährigen Mudschaheddin, trotz der langen Abwesenheit nichts Schlimmes zugestoßen war. Die beiden hatten sich auf dem halben Kilometer bis zum Treffpunkt verlaufen. »Wo sind wir?«, hatte der Führer seinen Schützling erst nach vielen Stunden gefragt. Bis dahin hatte er offensichtlich noch Hoffnung gehabt, den Rest der Truppe wiederzufinden. Erst am nächsten Tag waren die beiden auf zwei weitere Muftis gestoßen, die Abdel Hak ausgeschickt hatte, um nach ihnen zu suchen. Bis die Dreiergruppe das jetzige Lager gefunden hatte, war jedoch eine weitere Nacht vergangen, in der sie in einer Höhle übernachteten und eine Wurstkonserve verzehrten, die Horst als Teil unserer Notration mit sich herumschleppte.

An Christians entspannten Gesichtszügen konnte ich ablesen, wie erleichtert er war, seinen Vater wohlbehalten wieder-
zusehen. »Ich bin mit jedem Tag unruhiger geworden«, gab
er grinsend zu und versetzte seinem Vater einen freundschaftlichen Knuff.

Wie ein drohender Schatten war Abdel Hak hinter Horsts
Führer aufgetaucht und beschimpfte nun lautstark den jungen
Mudschaheddin, der so dumm gewesen war, sich zu verlau-
fen. Betreten blickte der junge Mann zur Seite, bis Horst sei-
nen Boss mit einer begütigenden Geste zum Schweigen
brachte. Dann klopfte er dem jungen Gotteskrieger auf die
Schulter, als ob er sagen wollte: War doch alles halb so wild!
Der junge Mann lächelte beschämt und ging eilig davon.

Beim Abendessen, das aus ungewürztem Brei bestand,
übertrugen wir Reno die Essensverteilung. Er hatte immer
gut im Blick, wer wie viel gegessen hatte, sodass er genau der
Richtige für diese Aufgabe war. An diesem Abend begnügten
sich die Bachmanns gemeinsam mit einem Teller Brei. Den
zweiten traten sie an Andi und mich ab. Hatten sie etwa ein
schlechtes Gewissen?

Als ich zu meinem Schlafplatz ging, sah ich Abdullah fun-
ken. Mir fiel ein, dass Donnerstag war. An jenem Abend des
8. Mai, des 49. Tages unserer Gefangenschaft, notierte ich auf
meinem Tagebuchzettel: ›Unsere Gruppe zersplittert sich in
lauter Kleingruppen, die aufeinander losgehen. Aber das Tal
ist wunderschön! Hoffentlich bleiben wir hier eine Weile.‹

◆ ◆ ◆

Der 50. Tag unserer Gefangenschaft begann mit schlechter
Stimmung und dünnflüssigem Brei. Zu allem Überfluss kam
nach dem Frühstück noch ein Fliegeralarm hinzu. Abdel Hak

achtete darauf, dass wir nicht zu nahe am Ausgang der Höhlen und Felsspalten saßen, da diesmal ein Hubschrauber das Tal in geringer Höhe überflog.

In der vergangenen Nacht hatte ich geträumt, die Gotteskrieger seien plötzlich verschwunden und hätten uns allein in diesem Tal sitzen lassen. Ich war mit einem unguten Gefühl in der Magengrube erwacht. Doch allmählich wurde mir klar, dass dies eigentlich ein guter Traum gewesen war – falls die Gotteskrieger tatsächlich verschwänden, könnten wir uns bei den Flugzeugen bemerkbar machen, indem wir oben auf dem Plateau bunte Kleidungsstücke auslegten! Zunehmend machte ich mir Gedanken über den eventuellen Ablauf einer Befreiung, die ich gleichermaßen fürchtete wie erhoffte. Was sollte ich tun, falls plötzlich geschossen würde? Hätte es einen Sinn, mich tot zu stellen? Und falls es viele Tote gäbe – würden die Militärs am Ende womöglich alle Zeugen für ihre Aktion beseitigen?

Nie kam ich bei dieser Art Grübelei zu einem Ergebnis. Mir dröhnte nur der Kopf, und wenn ich eine Möglichkeit gehabt hätte, mich mit irgendwelchen Drogen in einen anderen Bewusstseinszustand zu katapultieren, hätte ich es mit Freuden getan!

Ich blickte mich um, doch leider gab es nichts, womit ich mich wenigstens eine Zeit lang hätte betäuben können. Also setzte ich mich schweigend neben Doris und Ernst, die im Schatten einer Felswand lasen. Obwohl noch nicht Mittag war, herrschten bereits über 40 Grad im Schatten!

»Mir geht's nicht besonders heute«, verkündete ich tonlos und hoffte, die beiden würden das nicht als Aufforderung ansehen, mich wortreich aufzurichten.

»Das geht uns allen so«, erwiderte Doris matt. »Es ist so heiß – ich will nur noch meine Ruhe haben!«

»Heute hatten wir hier schon einigen Besuch«, ergänzte Ernst. »Jeder lädt bei uns seinen Frust ab und vor allem seine Wut auf irgendwen …«

»Hat Bachmann euch die Plane gegeben?«, fragte ich, obwohl ich die Antwort schon kannte.

»Nein, er möchte seine Sachen nicht verleihen, weil es dann nachher zu umständlich ist, alles wieder einzusammeln!« Doris sprach mit verhaltener Wut.

»Fang du jetzt nicht auch noch an, Doris! Wir haben schließlich gut geschlafen – auch ohne die Plane!« Ernst war willensstark genug, sich durch mein Störmanöver nicht ablenken zu lassen. »Welchen Sinn hat es denn, wenn jeder sich über den anderen aufregt?«

»Entschuldigung, dass ich versucht habe, euch den Tag zu verderben …« Ich fühlte mich noch elender als zuvor.

Ernst lächelte. »Das ist dir nicht gelungen!«

Toni und ich hatten es übernommen, mit den noch vorhandenen Medikamenten die Wunden unserer Leidensgenossen zu versorgen. Auf diese Weise hatten wir den Bestand unter Kontrolle und konnten darauf achten, dass Medikamente nur in ernsten Fällen verabreicht wurden.

Nachmittags sah ich Leni auf mich zukommen. Schon von weitem hielt sie mir ihre Hand entgegen, als sei sie schwer verletzt.

»Das muss desinfiziert werden!«, rief sie und deutete auf eine kleine blutende Wunde am Daumen.

»Das ist harmlos«, entgegnete ich, nachdem ich die Verletzung begutachtet hatte. »Wir haben nur noch wenig Desinfektionsmittel. Das brauchen wir für die ernsten Fälle.«

»Welche ernsten Fälle?«, fragte Leni verständnislos.

»Kurt und Horst haben Eiterwunden, die bis auf die Knochen gehen!«

»Wenn meine Wunde erst eitert, brauche ich kein Desinfektionsmittel mehr!«, rief Leni empört.

»Bevor sie eitert, wäre es aber Verschwendung!«

Leni stapfte wütend davon. Als sie weg war, verspürte ich Erleichterung.

Toni und ich gingen mit Horst und Kurt hinter einen Felsen, um ihre Wunden zu versorgen.

»Was soll die Heimlichtuerei?«, fragte Kurt, während ich seinen Verband abwickelte.

»Leni und Gerd sollen nicht sehen, wie wir euch verarzten. Sie haben ein paar kleine Blessuren. Dafür wollen wir das Desinfektionsmittel nicht verschwenden.«

»Verstehe.« Kurt biss die Zähne zusammen, als Toni mit einem desinfizierten Wattestäbchen seine Wunde säuberte.

Als Toni ihm die Wunde mit einem sauberen Stofffetzen wieder verband, grinste Kurt verschmitzt. »Ich hab euch doch von dem Empfehlungsschreiben der algerischen Regierung erzählt, das ich bei mir trage. Es weist mich als eine Person aus, die überall bevorzugt behandelt werden soll …«

»Du hast es uns gezeigt«, erinnerte ich ihn. »Ich hoffe, du fühlst dich von uns entsprechend behandelt!«

Kurt kicherte. »Leni meint, ich soll das Schreiben doch Abdel Hak zeigen, damit er mich freilässt!«

Unwillkürlich musste ich lachen. »Leni hat Ideen – darauf muss man erst mal kommen!«

Abends stellte ich fest: Dieser Tag war mir irgendwie an die Nieren gegangen. Doris hatte Recht – jeder fiel über jeden her, und ich selbst bildete keine Ausnahme. Ich fühlte eine beklemmende Schwere im Herzen, als ich meinen Schlafsack aus einer Felsspalte kramte, um meinen Schlafplatz herzurichten.

»Lass uns noch eine Weile um die Ecke gehen«, schlug Andi Hagen vor, der sein Nachtlager ebenfalls bereitet hatte.

Seitlich unseres Quartiers befand sich eine Felsnase, hinter der man einen wunderbaren Ausblick über den Taleingang hatte. Es war noch nicht ganz dunkel, sodass wir die Aussicht noch ein wenig genießen konnten. Wir setzen uns und starrten beide zum Horizont, der im schwächer werdenden Licht kaum noch zu erkennen war.

»Ich frage mich, warum ich mich in unserer Gruppe jeden Tag beschissener fühle«, begann ich halblaut, um niemanden, der in der Nähe schlief, zu wecken.

Andi schwieg lange, ehe er antwortete: »Wir Menschen haben die Angewohnheit, wie Bluthunde nach den Fehlern der anderen zu suchen.«

»Da brauche ich gar nicht lange zu suchen. Die Fehler sind so offensichtlich, dass sie einen förmlich anspringen!«

Andi seufzte. »Fühlst du dich wohl bei deinen Entdeckungen?«

»Das ist es ja – ich leide darunter, dass es Menschen gibt, die einfach keinen Charakter haben!«

»Das sagt sich leicht, wenn man den eigenen fest umarmt hält!«

Ich witterte sofort, dass das als eine Art Kritik gemeint war. »Soll das heißen, dass ich selbst nicht besser bin als die, über die ich mich aufrege?«

»Was heißt schon ›besser‹ und ›schlechter‹?«

Ich merkte, dass Andi meiner Frage auswich.

»Es ist wohl eher eine Frage von Recht oder Unrecht haben«, setzte er hinzu.

»Hat Bachmann etwa Recht, wenn er …?« Ich verstand nicht, worauf Andi hinauswollte.

»Du hast die Wahl, Harald …« Andi sprach langsam und mit Bedacht. »Wir alle haben die Wahl, uns an den negativen Seiten unserer Mitmenschen festzuhalten oder das Gute zu erkennen …«

Bevor ich antworten konnte, korrigierte er sich selbst: »Nicht das Gute, denn darum geht es nicht – das Einmalige! Schau dir Kurt an. Hast du von ihm jemals ein negatives Wort über einen anderen gehört? Er nimmt die Menschen so, wie sie sind, und dafür schätzen sie ihn.«

»Langsam verstehe ich, was du meinst, Andi! Horst zum Beispiel ist viel zu klug, um über andere zu schimpfen. Ich bewundere seine Diplomatie!«

»Die Diplomatie ist sicher ein Weg, um dorthin zu kommen, wo wir uns alle am wohlsten fühlen …«

»Wohin?« Es war mittlerweile so dunkel geworden, dass ich Andi neben mir nur noch hören, aber nicht mehr sehen konnte.

»In diesen wunderbaren Zustand, in dem wir niemanden beurteilen und auch selbst nicht beurteilt werden!«

Ich atmete tief durch. »Eine schöne Vorstellung … Glaubst du, dass das zu erreichen ist?«

»Wenn dir dein innerer Frieden wichtiger ist als dein Wunsch, Recht zu haben, dann hast du eine reelle Chance!«, erwiderte Andi mit leisem Lachen.

Als ich in meinen Schlafsack kroch, war alles in mir in Aufruhr. Ich dachte an Reno und fühlte noch einmal die ganze Wucht meiner Aversionen, die sich im Lauf der Zeit in mir angestaut hatten. Wie würde ich mich fühlen, wenn ich das alles losließe, um meinen Frieden zu haben?

Allein die Vorstellung erzeugte bereits ein wohliges Gefühl in meiner Brust.

›Reno, alter Gefährte‹, dachte ich bei mir, ›lass mich Frieden schließen mit dir … denn morgen beginnt der 51. Tag unserer Gefangenschaft – der erste Tag vom Rest meines Lebens!‹

KAMPF GEGEN DIE AGONIE

10. Mai – 13. Mai

Schon beim Erwachen dachte ich an Gerd Bachmann. Ich ärgerte mich darüber, dass mich der Groll gegen ihn nach wie vor beherrschte – daran änderte auch mein wunderbares Gespräch mit Andi Hagen nichts. Noch im Schlafsack liegend versuchte ich es mit allen Tricks: Ich versuchte, mir seine positiven Seiten vor Augen zu halten, aber mir wollte nicht eine einfallen. Ich versuchte, überhaupt nicht mehr an ihn zu denken – ohne Erfolg. Ich versuchte, ihn mir in goldenes Licht getaucht vorzustellen – wiederum vergebens!

Vor meinem geistigen Auge sah ich ihn auf seiner blöden Plane hocken, in seinem voll gestopften Rucksack kramen und heimlich Wurst mampfen, während er sich verschlagen umblickte, um sich zu vergewissern, dass ihn auch keiner beobachtete …

Hatte ich Zwangsvorstellungen? War ich besessen? Musste ich mich schuldig fühlen, dass ich in ihm so gar nichts Positives sehen konnte? Schon wieder drohte mir der Kopf schier zu bersten …

Ich befreite mich langsam aus meinem Schlafsack und streckte mich nach allen Seiten aus, um meinen Körper wieder beweglich zu machen. Mittlerweile war ich zwar daran gewöhnt, auf dem harten Fels zu schlafen, aber dennoch taten mir beim Aufwachen zunächst alle Knochen weh. Ein Blick auf meine Zettel verriet mir: Es war der 10. Mai – der 51. Tag unserer Gefangenschaft hatte begonnen.

Unten an der Wasserstelle sah ich vier Muftis hin und her laufen. Der Rest der Mannschaft war nicht zu sehen. Außer mir schien noch niemand aufgestanden zu sein – ich musste also früher erwacht sein als sonst. Nach dem Sonnenstand zu urteilen war es etwa fünf Uhr.

Ich fragte mich, wo die übrigen Muftis sein mochten, und kletterte langsam zum Guelta hinab. Am liebsten wäre ich hineingesprungen, um richtig wach zu werden, doch da es im Wadi nur eine Wasserstelle gab, kam das nicht infrage.

Unter den vier Muftis entdeckte ich Zahnlücke, der mich freundlich angrinste. Mit Gesten fragte ich ihn, wo die anderen seien.

Zahnlücke wies mit einer Handbewegung weit hinter sich.

Ich verstand nicht sofort. ›Wann kommen sie wieder?‹, wollte ich wissen, indem ich auf die Sonne deutete.

Zahnlücke entblößte mit einem breiten Grinsen sein Gebiss, bevor er leicht mit dem Kopf schaukelte und die Handflächen nach außen kehrte – eine typisch arabische Geste, die eine Antwort im Ungefähren hält.

Hatte ich nicht erst in der Nacht zuvor geträumt, alle Gotteskrieger hätten das Wadi verlassen? Würden sie sich etwa nicht alle auf einmal, sondern nach und nach aus dem Staub machen?

Mittlerweile waren einige Frühaufsteher am Guelta eingetrudelt, die wie ich das Verschwinden ›unserer‹ Muftis nicht uneingeschränkt begrüßten. Von denjenigen, denen wir vertrauten, war nämlich nur Zahnlücke übrig geblieben. Die anderen drei gehörten zu der großen Schar jüngerer Gotteskrieger, die uns nicht nur wegen ihres geringen Alters, sondern auch wegen ihrer erkennbar fanatischen Einstellung fremd geblieben waren.

Als wir noch darüber rätselten, was das Verschwinden insbesondere von Abdel Hak zu bedeuten hatte, brüllte Zahnlücke plötzlich in alle Richtungen »Camouflage! Jallah, jallah!«, und wie gut dressierte Hunde rannten wir los – dabei hatte ich mir erst am Vortag Gedanken darüber gemacht, wie wir uns bei einem Suchflugzeug am besten bemerkbar machen könnten.

»Verdrehte Welt!«, sagte ich zu Reno, als wir schließlich in der Höhle saßen und auf ein paar Nachzügler warteten, die nicht so schnell aus ihrem Schlafsack gekommen waren. Reno starrte ausdruckslos vor sich hin. Seine Hände hatten Ähnlichkeit mit den Klauen eines Greifvogels entwickelt. Er wirkte, als ob er zunehmend in einer abwehrenden Haltung erstarrte, die sein Gemüt vor unverdaulichen Außeneinflüssen schützen sollte.

Auch Gerd und Leni waren mittlerweile in der Höhle eingetroffen und drängten sich zwischen uns. Unwillig rückte ich zur Seite.

Draußen hörten wir einen Hubschrauber, dessen surrendes Motorengeräusch besser zu hören war als sonst. Er musste also dicht an der Felswand entlangfliegen. Zahnlücke schien mehr als einen Hubschrauber zu erwarten, denn wir mussten fast anderthalb Stunden in der Höhle bleiben, bis sich die Muftis endlich daranmachten, den Frühstücksbrei zu kochen.

Missmutig verschlangen wir die völlig ungewürzte Grießsuppe und berieten, wie wir der Hitze dieses Tages entfliehen könnten. Es waren wie schon am Vortag 45 Grad im Schatten zu erwarten, und unsere Stimmung war wieder einmal auf einem absoluten Tiefpunkt angelangt. Nach dem Frühstück bildeten sich kleine Grüppchen, die übereinander lästerten.

Ich setzte mich allein unter einen Felsvorsprung und versuchte ein letztes Mal, meinen Zorn gegen Gerd Bachmann zu besiegen. Ich stellte fest: Je mehr ich dagegen ankämpfte, desto größer wurde meine Wut. Und weil mich dieser Tag, noch ehe die Sonne ihren Höchststand erreichte, bereits an den Rand der Erschöpfung getrieben hatte, gab ich meinen Widerstand gegen meine Aggressionen auf. Sofort verspürte ich eine gewisse innere Ruhe, die mich mir selbst gegenüber gnädiger stimmte. Ich verzieh mir, dass ich nicht in der Lage war, Bachmann zu verzeihen – und augenblicklich fühlte ich mich wie ein Mensch, der das eine schafft und das andere eben nicht. Ich fühlte mein eigenes kleines, menschliches Maß … und akzeptierte es, ohne mich schuldig zu fühlen. Mehr noch als den inneren Frieden, den ich in der vergangenen Nacht mit Reno geschlossen hatte, empfand ich diesen Vorgang als einen Sieg über mich selbst.

Von der Felswand gegenüber drangen Gesprächsfetzen an mein Ohr. Dort saßen Hubert, Toni, Doris und Ernst. Ich hörte: »… hat er schon wieder …« und »… kann so nicht weitergehen …« und »… zusammenhalten, damit …«

Am helllichten Tag fiel ich in einen kurzen Schlaf, der mich alles vergessen ließ. Er wirkte wie jene Drogen, die ich mir ein paar Tage zuvor so dringend gewünscht hatte, um endlich mal abzuschalten.

◆ ◆ ◆

Auch den 52. Tag unserer Gefangenschaft ließ ich über mich ergehen, ohne in irgendeiner Weise aktiv zu werden. Ich hatte genug damit zu tun, mich der Fliegenschwärme zu erwehren, die sich täglich verdoppelten – so kam es mir jedenfalls vor. Wieder gab es Fliegeralarm. Diesmal schien der Hubschrauber noch näher zu kommen als am Vortag. Ich konnte das Geräusch der einzelnen Rotorblätter genau unterscheiden, so, als ob er direkt über dem Höhleneingang vorbeiflöge. Dennoch bekamen wir ihn nicht zu sehen, da wir uns wie immer vom Eingang fern halten mussten.

Diesen Tag überstanden wir, indem wir uns von einem Schattenplatz zum nächsten schleppten. Da wir Schlafen mittlerweile für die erträglichste Art hielten, Zeit zu verbringen, suchten wir schon vor Sonnenuntergang unsere Nachtlager auf.

Mitten in der Nacht erwachte ich, weil im Mufti-Lager rege Geschäftigkeit herrschte, begleitet von nervösen Zurufen. Zahnlücke brüllte nach oben, wir sollten uns abmarschbereit machen. Wir hatten also noch zwei Stunden, um im Schein eines gerade zunehmenden Mondes in aller Ruhe zu packen. Noch nie waren wir um drei Uhr morgens geweckt worden! Das konnte nur bedeuten, dass etwas Besonderes im Gange war. Es war der 12. Mai, und der 53. Tag unserer Gefangenschaft brach an.

»*Jallah! Marchez!*«, war das Einzige, das wir zu hören bekamen, als wir gegen fünf Uhr tatsächlich unser schönes Wadi verließen, um nach rechts in ein anderes Wadi abzubiegen. Da wir wieder einmal nicht wussten, wohin und wie weit wir laufen würden, trotteten wir mehr oder weniger gedankenlos durch die sich allmählich erhellende Landschaft den Muftis hinterher.

Nach einer Stunde, als das Trinkwasser in unseren Plastikflaschen knapp wurde, zeigte uns Zahnlücke eine unter einem Felsvorsprung verborgene Wasserstelle, an der wir unsere Vorräte wieder auffüllen konnten,

Eine weitere Stunde später erreichten wir dann den Eingang eines breiten Wadis, das sich nach etwa 600 Metern gabelte. Beide Flussläufe waren von hohen Felswänden eingefasst, die nach hinten hin immer weiter zurückwichen.

Zahnlücke deutete nach links oben, wo in etwa zehn Meter Höhe eine Art Steinbalustrade in der Felswand zu erkennen war. Ich wunderte mich, denn die Balustrade sah aus wie von Menschenhand gebaut.

Dann fiel mein Blick auf Reno, der in die Hocke gegangen war und vor sich hinstarrte, wie so häufig in den letzten Tagen. Etwas in mir trieb mich, zu ihm zu gehen und mich neben ihn zu setzen. »Was ist los, Alter? Lass dich doch nicht so hängen!«

Reno wandte nur kurz den Kopf. »Ich bin am Ende, Harald ... Ich hab keine Kraft mehr für diesen ganzen Zirkus hier ... Die sind doch völlig plemplem – und ich bin es auch!«

»Wir alle kommen langsam an den Punkt, dass nichts mehr weitergeht – aber ein bisschen müssen wir schon noch durchhalten!«

»Glaub es oder nicht – ich hab in der letzten Zeit öfter an Selbstmord gedacht. Ich halte diesen Scheiß einfach nicht mehr aus ... Verstehst du denn nicht?!« Nun spürte ich das volle Ausmaß der Verzweiflung, die ihn schon länger im Würgegriff hatte. Vorsichtig legte ich meinen Arm um ihn und fühlte, dass sein ganzer Körper zitterte. Er weinte, erst zaghaft und dann immer heftiger. Ich hätte am liebsten mitgeweint, aber ich bemerkte noch rechtzeitig, dass einige Augen auf uns gerichtet waren.

»He! Kommt mal her, ihr beiden – wir haben eine gute Nachricht für euch!«, rief Thomas. Ich warf Reno einen fragenden Blick zu. Er nickte stumm, während er sich mit dem Handrücken ein paar Tränen aus dem Gesicht wischte.

Hastig und mit überschnappender Stimme berichtete Doris: »Horst hat mit Zahnlücke gesprochen, und der hat ihm verraten – obwohl er es nicht hätte verraten dürfen –, dass

Abdel Hak uns hier abholen wird, weil wir heute oder morgen freikommen. Er hat es Horst verraten, weil er uns eine Freude machen will, aber Abdel Hak darf nicht merken, dass wir es schon wissen!«

Reno und ich trauten unseren Ohren nicht. Eben noch hatte ich kaum gewusst, wie ich den Verzweifelten trösten sollte, und nun kam diese wunderbare Nachricht! Wir umarmten uns alle gegenseitig, einige machten sogar Luftsprünge vor Freude. Ich sah, dass Zahnlücke uns freundlich grinsend beobachtete, und nickte ihm fröhlich zu. Er wies nochmals mit der Hand hoch zur Balustrade: »*Camouflage!*« Offensichtlich sollten wir uns dort oben verstecken.

Bevor wir den Aufstieg begannen, bekam jeder eine tennisballgroße Kugel aus gepressten Datteln in die Hand gedrückt – unser leicht verspätetes Frühstück für diesen Tag! Im Vergleich zur Nahrung der letzten Tage handelte es sich bei diesen extrem süßen Datteln um eine echte Kalorienbombe.

»Wer gibt nach unserer Freilassung allen einen Kaffee aus?«, fragte ich in die Runde. Sofort meldete sich Hubert: »Capuccino, Tee, Limo … alles, was ihr wollt!«

»Ich lade euch daheim in Österreich zu einem Kaffee zu mir nach Hause ein!«, schloss sich Leni an, aber da waren wir schon dabei, uns auszudenken, welche Pizza wir in Tamanrasset essen würden.

»Ich esse Pizza mit allem, aber ohne Oliven! Das geht auf jeden Fall auf Rechnung der algerischen Regierung!«, rief ich.

Dann hörten wir ein Flugzeug. Diesmal war es eine Propellermaschine. Wir duckten uns, so gut es ging, hinter den etwa anderthalb Meter hohen Steinwall, der wahrscheinlich eigens zu diesem Zweck gebaut worden war, und warteten, bis das Geräusch verebbte.

Wieder unten angekommen, mussten wir das Gepäck unterhalb der Balustrade liegen lassen und uns in dem vor uns liegenden rechten Wadi verstecken. »Jallah, jallah!«, schrie Zahnlücke schon wieder, obwohl keinerlei Gefahr erkennbar war. Klaus rannte als Erster los, wir anderen hinterher. Die Muftis sahen wir im linken Wadi verschwinden, während wir nach rechts liefen und hinter einem großen Felsen in Deckung gingen.

Zwei Stunden lang geschah überhaupt nichts. Im Geist hatten wir bereits alle Pizzasorten durchprobiert, die wir kannten. Nun fiel uns nicht mehr viel ein. Also stellten wir uns vor den Felsen und warteten noch mal eine Stunde, bis schließlich auf einer Anhöhe gegenüber unserem Felsen einer unserer Muftis erschien und mit dem Arm in die Richtung zeigte, aus der wir gekommen waren. Nach einer Weile verstanden wir: Er wollte, dass wir unser Gepäck holten.

Ich machte mich mit ein paar Männern auf den Weg, doch noch ehe ich unsere Sachen gesichtet hatte, bemerkte ich Abdel Hak, der mit vier weiteren Muftis auf einem Felsen saß. Einen seiner Männer erkannte ich sofort: Es war der junge Mann, der am Tag des Überfalls unsere Medikamentenschachteln auf Arabisch beschriftet hatte.

Während wir das Gepäck einsammelten, machte Abdel Hak uns klar, dass uns nun ein Marsch von 18 Kilometern bevorstand, dessen größten Teil wir in der Nacht zurücklegen mussten. Wir starrten einander entgeistert an. Es war bereits Nachmittag, wir hatten an diesem Tag schon gute sieben Kilometer zurückgelegt, und unsere Wasserflaschen waren fast leer – was stellte dieser Mann sich vor?!

Aber Abdel Hak ließ sich nicht erweichen. Wasser gäbe es irgendwo weiter vorn. Er zog einen Sack hervor, in dem sich fertig zurechtgeschnittene Stücke von frisch gebackenem Fladenbrot befanden. Jeder bekam zwei Stück. Mit Gepäck und Brot liefen wir wieder zurück zum Felsen. Die Männer, die gut zu Fuß waren, gingen unter der Führung eines Muftis mit allen leeren Trinkflaschen gute drei Kilometer zur nächsten Wasserstelle.

Vor mir lief Ingo, den ich laut vor sich hin fluchen hörte: »So eine Scheiße! Diese dämlichen Muftis! Ich hab das Theater so was von dicke!« Ich konnte mich nur noch wundern, denn Ingo war normalerweise die Ruhe selbst.

»Was hat er denn?«, fragte ich Toni, der neben mir ging.

»Ach, weißt du's noch gar nicht? Abdel Hak hat zu Kurt gesagt, dass die Sache mit unserer Freilassung noch gar nicht klar ist. Es gibt angeblich erst einen Vorvertrag!«

Sofort spürte ich lähmende Schmerzen in den Beinen und wollte keinen Meter mehr weitergehen. Jetzt erst bemerkte ich, wie beschwingt ich zuvor gelaufen war. Der Rest des Weges und vor allem der Rückweg fielen mir schwer. Aber als die Wasserflaschen verteilt waren, ging der 18-Kilometer-Marsch überhaupt erst los!

Als wir uns in Bewegung setzten, sah ich neben einem Felsen Bachmanns Plane liegen. Er hatte sich also endlich von ihr getrennt! Aber nun nützte sie niemandem mehr.

Um aufs Hochplateau zu gelangen, mussten wir zunächst in endlosen Serpentinen einen recht steilen Berg erklimmen, dann ging es eine Zeit lang auf der Hochebene weiter, anschließend erneut hinunter in ein Wadi und auf der anderen Seite wieder hinauf. Dass sich die Äußerungen von Abdel Hak bereits herumgesprochen hatten, bemerkte ich an der missmutigen Stimmung, die sich ausgebreitet hatte.

Wie schon zuvor liefen wir in südliche Richtung. Es dämmerte bereits, und bald würden wir im Dunkeln marschieren müssen, was für die meisten von uns alles andere als ein Vergnügen war.

Anke stand kurz vor einem Zusammenbruch. »Ich kann nicht mehr!«, schrie sie mehrfach unter Schluchzen. Man sah ihr an, dass sie sich am liebsten zu Boden geworfen hätte. Mittlerweile gingen zwei Muftis neben ihr, die auf ihr Geschrei mit immer dem gleichen Befehl reagierten: »Marchez!«

Ingo lief weit voraus, ohne sich um sie zu kümmern.

»Willst du Anke nicht mal beruhigen?«, sprach ich ihn an, aber er ging schweigend weiter, als hätte er meine Frage nicht gehört. Offensichtlich war auch ihm nun alles zu viel geworden.

Dummerweise fasste meine Wasserflasche nur einen Liter, während die der anderen die übliche Größe für anderthalb Liter hatten. Zum Glück war Andi Hagen bereit, sein Wasser mit mir zu teilen. Wir konnten nur hoffen, rechtzeitig eine Wasserstelle zu erreichen, an der wir unsere Flaschen wieder auffüllen konnten. Doch die Wasserstelle ließ auf sich warten. Mittlerweile war es dunkel geworden, und wir kamen nur noch mühsam voran, wobei wir zwischen größeren Felsbrocken herumklettern mussten. Gelegentlich sahen wir im Mondschein, wohin wir traten. Oft genug verschwand der Mond aber hinter einer Wolke, sodass wir überhaupt nichts mehr sahen. Abdel Hak und seine Leute müssen einen ziemlichen Vorsprung vor uns gehabt haben, denn als wir uns schließlich der lang ersehnten Wasserstelle näherten, saßen sie schon da.

»Wir haben nur noch acht Kilometer vor uns!«, verkündete er auf Französisch. Niemand war begeistert. Wir wollten genau an dieser Stelle zumindest für ein paar Stunden schlafen, ließen wir ihn wissen.

Zunächst tastete ich mich vor zur Wasserstelle, aus deren Richtung ein entsetzlicher Gestank kam. Als ich meine Hand in das Wasser steckte, fühlte ich etwas Undefinierbares darin – irgendeine glibberige Masse. Ich bat Ingo, der eine Taschenlampe hatte, ins Wasser zu leuchten, um zu sehen, was es damit auf sich hatte. Wie sich herausstellte, war das Wasser voller Algen, von denen auch der Gestank herrührte. Ich ärgerte mich, dass ich den letzten Rest meines Wassers ausgetrunken hatte. Nun blieb mir keine andere Wahl, als die stinkende Brühe in meine Flasche zu füllen!

Abdel Hak hatte sich mittlerweile erweichen lassen, uns wenigstens eine Stunde Rast zu gönnen. Selbst in dieser kurzen Zeit muss ich wohl eingeschlafen sein, denn plötzlich brachen alle auf, und ich hatte gar nichts mitbekommen.

Ich vermutete, dass es ungefähr Mitternacht war, als wir weiterstolperten. Dass zu diesem Zeitpunkt bereits der 54. Tag unserer Gefangenschaft anbrach, kam mir in dieser Situation nicht in den Sinn. Wieder ging es Berge hinauf und hinunter. Dazwischen legten wir kurze einfachere Strecken oben auf Plateaus zurück. Immer häufiger stolperten wir, aber es half nichts – wir mussten uns wieder aufrappeln und weiterlaufen. Wie die Frauen, insbesondere Eva, und der gehandikapte Andi das schafften, ist mir bis heute ein Rätsel. Ich jedenfalls, der ich normalerweise zu den Ausdauerndsten gehörte, war am Ende meiner Kräfte, als wir weitere fünf Kilometer zurückgelegt hatten. Dr. Stanglmeier war mittlerweile nicht nur gestolpert, sondern richtig gestürzt. Endlich traten wir geschlossen in den Streik und weigerten uns, auch nur noch einen Meter weiterzugehen.

Abdel Hak gab sich geschlagen und ließ uns ausruhen. Ohne seine Erlaubnis abzuwarten, packten wir unsere Schlafsäcke aus und schliefen auf der Stelle ein.

Noch vor Sonnenaufgang, also nach höchstens zwei Stunden, wurden wir wieder geweckt. Zu essen gab es zwar nichts, aber da die Sonne bereits aufging, konnten wir nun wenigstens besser sehen. Nach zwei bis drei Kilometern sahen wir die Vorhut – wiederum Abdel Hak und einige seiner Leute – an einem Wasserloch sitzen. Zum Glück war dieses Wasser besser als das vorige, sodass wir das alte Wasser wegkippen konnten. Bevor wir unsere Flaschen auffüllten, tranken wir so viel wie möglich, damit der Vorrat möglichst lange nicht angetastet werden musste.

Abdel Hak drängte uns in ungewohnt energischem Ton, sofort weiterzulaufen. *»Encore un kilomètre seulement! Vite, vite!«* Natürlich liefen wir wie besinnungslos weiter, ohne auch nur zu fragen, warum und wohin. Nur noch ein Kilometer – das war die Botschaft, an die wir uns hielten. Und wahrscheinlich wären wir auch weitergelaufen, wenn wir gewusst hätten, was uns dort erwartete.

KAPITEL 11

DIE BEFREIUNG

13. Mai

Diesen letzten Kilometer hetzen wir keuchend hinter den Muftis her, bis wir wieder in einem Wadi ankommen, das sich ähnlich wie das vorige nach hinten hin weitet. In der Mitte gabelt sich der Flusslauf an einem riesigen Felsmassiv, das die Seitenwände des Wadis noch überragt. Entnervt machen wir gute 500 Meter vor dem gewaltigen Felsen Halt, dort, wo das Wadi höchstens 30 Meter breit ist. Erst jetzt bemerke ich, dass Abdel Hak und seine Männer an der Wasserstelle zurückgeblieben sind.

»Camouflage!« brüllt einer der jungen Muftis, noch ehe wir dazu kommen, ein wenig zu verschnaufen, und deutet mit seiner Kalaschnikow auf ein paar Felsen, die links vor uns unterhalb eines Hochplateaus liegen. Wir haben kaum Zeit, uns zu orientieren.

Andi Hagen und ich quetschen uns zwischen ein Gewirr von Felsen, in deren Mitte sich ein etwa zwei Meter langer und einen Meter breiter Hohlraum befindet. Wegen der geringen Höhe können wir uns dort nur auf den Sandboden legen, auf dem wir zwei gerade eben Platz finden. Oberhalb meines Kopfes lassen die übereinander liegenden Felsbrocken eine natürliche fast rechteckige Öffnung in der Größe eines Fernsehers frei, durch die ich das Wadi in Richtung auf das Felsmassiv überblicken kann. Ich sehe, dass ein Großteil der anderen etwa 15 Meter weiter unter einem Felsvorsprung Unterschlupf gefunden hat, der allerdings nicht von allen Seiten Deckung bietet wie der unsere und der von Doris und Ernst seitlich hinter uns.

Da liegen wir nun also und wissen nicht, worauf das alles hinauslaufen soll. Irgendwo hinter uns müssen sich auch die Muftis befinden, aber wo genau, kann ich nicht sehen. Weil nichts passiert, ergreift die Platzangst von mir Besitz. Ich krieche mit dem Kopf voran wieder auf die Öffnung am Boden zu und versuche hinauszuschlüpfen. Sofort habe ich den Lauf eines Maschinengewehrs vor der Nase. »Retour! Vite, vite!«

Dann hören wir das Motorengeräusch eines Hubschraubers. Durch mein Guckloch sehe ich, wie er langsam im Tiefflug hinter der Felsnase hervorkommt und dann um die andere Ecke in der rechten Gabelung des Wadis verschwindet.

Gleich darauf hören wir ganz in unserer Nähe eine Gewehrsalve – wahrscheinlich die Muftis, die zum Angriff übergehen. Die Antwort besteht aus vereinzelten Schüssen, die von weiter weg kommen, womöglich von oben.

Automatisch ziehe ich den Kopf ein und drücke mich mit dem Gesicht nach unten auf den Boden. Plötzlich herrscht Ruhe.

»Gut, dass du nur einen Arm hast, Andi«, bemerke ich, »sonst hätten wir beide hier nicht genügend Platz!«

Ich höre Andi kichern. Nun ertönt wieder eine Salve von unten. Dann wieder einzelne Schüsse von oben. So geht es insgesamt eine bis anderthalb Stunden lang. Andi und ich zählen die Schüsse, die immer im gleichen Rhythmus fallen: vier Schüsse von oben und achtmal so viele von unten.

»Sollen die Muftis nur ihre ganze Munition verballern – umso eher ist Schluss!«, kommentiert Andi.

In den Pausen zwischen den Schusswechseln rufe ich durch mein Guckloch zu den anderen hinüber: »Wie geht's euch? Ist alles okay?«

»Alles okay!«, rufen sie zurück. Dann geht die nächste Salve los, und ich ziehe vorsichtshalber wieder den Kopf ein.

Bislang wurde nicht in unsere Richtung gefeuert.

Haben wir Angst? Ja! Trotzdem versuchen wir, uns so zu verhalten, als ob gleich alles vorbei wäre. Aber welche Situation werden wir vorfinden, wenn die Gewehre verstummen? Früher oder später werden wir unser Versteck verlassen, und dann stehen sie vielleicht da und richten ihre Waffen auf uns …

Vieles geht mir durch den Kopf in diesen langen Minuten, die sich wie Perlen auf einer Schnur aneinander reihen, ohne ein Ganzes zu ergeben.

Dann sehe ich durch mein Felsloch einen weißen Hubschrauber, der in der Luft zu stehen scheint, bis er senkrecht vor dem Felsen in die Höhe steigt. Ich vermute, dass er eine strategische Funktion hat – von oben die Kampfhandlungen zu koordinieren. Da die Muftis uns erzählt haben, dass ihre Waffen eine Reichweite von tausend Metern haben, wird er wahrscheinlich höher als tausend Meter steigen. Mein Blickfeld hat er jedenfalls längst verlassen.

In der linken unteren Eckes meines Guckfensters sehe ich Ernst hinter dem Felsen mit einem roten Käppi winken. Das gilt wahrscheinlich dem weißen Hubschrauber. Fast gleichzeitig erscheinen im unteren rechten Bildausschnitt vier Muftis, die auf die rechte Gabelung zurennen und dann rechts oben wieder aus dem Bild verschwinden.

Eine Minute lang ist alles ruhig. Dann taucht in 500 Meter Entfernung ein grüner, mit Raketen bestückter Hubschrauber hinter der Felsnase auf. In der Luft stehend dreht er sich der Felsnase zu und nimmt die Felswand unter Beschuss. Wir hören Detonationsgeräusche, die durch Einschläge und herabfallende Felsbrocken erzeugt werden. Die Felsnase verschwindet hinter einer Wolke aus Rauch und Staub, aus der irgendwann der Hubschrauber auftaucht und auf der anderen Seite der Klippe verschwindet. Wollte der Hubschrauber auf die fliehenden Muftis zielen und hat stattdessen die Felswand erwischt? In diesem Fall hätten die Raketen eine um mindestens 30 Grad falsche Ausrichtung gehabt …

Schwer atmend knie ich neben Andi Hagen, der sein Gesicht immer noch gegen den Sandboden presst. Es hat nicht einen Einschlag in der Nähe unserer Verstecke gegeben. Weiß das Militär, wo wir uns befinden?

Es vergehen fast 20 Minuten, in denen nichts geschieht. Dann sehe ich Horst vorsichtig aus seinem Versteck kommen und zwänge mich ebenfalls aus meinem steinernen Hohlraum ins Freie.

Draußen herrscht Totenstille. Außer meinen allmählich zum Vorschein kommenden Leidensgenossen ist niemand zu sehen. Ernst, Ingo und Hubert suchen die Umgebung nach Toten und Verletzten ab, finden jedoch nur eine in Tarnfarben gemusterte Kampfweste, in deren Taschen sich Sprengstoff, ein Kurzwellenradio und eine Landkarte befinden. Nirgendwo sind Blutspuren zu sehen.

Doris und Ernst legen farbige Kleidungsstücke auf die Felsen, damit Soldaten oder Flugzeuge uns orten können.

Wir versuchen, uns zu erinnern, wann wir das letzte Mal etwas gegessen haben. Es waren die zwei Stücke Fladenbrot vor dem 18-Kilometer-Marsch, dessen Beginn etwa 18 Stunden zurückliegt. Nun, nachdem diese tödliche Ruhe eingekehrt ist, verspüren wir Hunger und suchen unser Gepäck nach etwas Essbarem ab. In Huberts Rucksack findet sich eine Dose Wurst, deren Inhalt wir in 17 Stücke teilen – nur ein Happen für jeden.

Da sitzen wir also im Schatten eines Felsens, kauen an der Wurst herum und wissen nicht, ob wir uns wie soeben befreite Gefangene fühlen sollen oder wie ein Haufen Verirrter, die zwischen alle Fronten geraten sind.

Während wir noch kauen, bemerken wir zehn Gestalten, die hintereinander am Rand des Hochplateaus entlanggehen. Von oben sind Stimmen zu hören, die Arabisch sprechen. Wir springen auf, winken und schreien: *»Nous sommes des Touristes! Allemagne! Autriche!«* – was uns eben einfällt, um zu verhindern, dass auf uns geschossen wird.

Über uns erscheint ein Kopf mit kurz geschnittenen, schwarzen Haaren. Als der Mann sich weiter über die Felskante beugt, sehen wir, dass zu dem Kopf eine Kampfuniform gehört. Der Soldat deutet zu einer Stelle, die eine Aufstiegsmöglichkeit auf das Hochplateau bietet. Während wir uns in kleinen Gruppen auf den Weg nach oben machen, erscheinen immer mehr Soldaten an der Felskante. Sie ziehen uns das letzte Stück hinauf.

Einer klettert nach unten, um Anke zu holen, die so entkräftet ist, dass sie den Aufstieg nicht mehr schafft. Der Soldat trägt sie den steilen Weg hinauf. Später wird sie uns berichten, dass er ihr dabei einen Heiratsantrag gemacht hat.

Oben auf dem Plateau verfallen wir in einen Freudentaumel, der unsere Sinne verwirrt. Wir tanzen und schreien, umarmen die Soldaten und sind völlig außer uns. Erst jetzt bemerken wir, welche Anspannung allmählich von uns abfällt und sich in Tränen der Erleichterung auflöst. Nach 54 Tagen Gefangenschaft sind wir wieder freie Menschen und werden bald nach Hause kommen!

Nur Horst bemerkt, dass Christian nicht mit auf das Plateau geklettert ist. Er hat sich unten hinter einem Felsen versteckt. Erst als wir alle ihn rufen und ihn mit Handzeichen auffordern, nach oben zu kommen, verlässt er sein schützendes Versteck und beginnt den Aufstieg zu uns.

Ich ziehe ihn das letzte Stück nach oben und schaue in ein verirrtes, blasses Gesicht. »Warum kommst du erst jetzt?«, frage ich.

Christian hat Tränen in den Augen. »Ich hab euch da oben schreien hören … und dachte, dass es Angstschreie sind … ich dachte, sie erschießen euch, so wie Djedet es immer gesagt hat!«

Horst nimmt Christian in den Arm und weist auf die Soldaten. Es sind an die 40 Mann, die Christian freundlich zunicken. »Wir brauchen keine Angst mehr zu haben! Diese Männer haben eine Menge auf sich genommen, um uns zu befreien. Sie haben unseren Dank verdient!«

Christian lächelt die Männer schweigend an. Dann gibt er einem von ihnen die Hand und sagt: »Danke! *Merci – thank you all!*«

Erst jetzt bemerke ich, dass es unter den Soldaten Verletzte gegeben hat. Vier Mann halten ein Tuch wie einen Baldachin über einen Soldaten, ein Fünfter hält eine Tropfflasche, deren Schlauch zur Innenseite seines rechten Handgelenks führt. Wir hören, dass ein glatter Beindurchschuss den Mann außer Gefecht gesetzt hat. Toni bemerkt erstaunt: »Schau mal den läppischen Verband an seinem Bein an! Es ist kein einziger Tropfen Blut zu sehen!«

Einen zweiten Soldaten sehe ich humpeln, ein Dritter hält sich den Arm – ihre Verletzungen scheinen sich in Grenzen zu halten.

Mein Blick fällt auf einen schwarzen Soldaten, der auf dem Rücken einen Sender mit einer gut zweieinhalb Meter langen Antenne trägt. Er spricht in ein Mikrofon, während er uns alle zählt. Als er sich bückt, bedenkt er nicht, dass die Antenne nun waagerecht steht, und sticht einen seiner Kameraden damit ins Auge. Alle müssen lachen, nur der Betroffene flucht lautstark.

Die Soldaten holen Konserven mit Cornedbeef und Fisch, Kekse und Schokolade. Hungrig stopfen wir ihren Proviant in uns hinein, auch die Schokolade, die schon halb geschmolzen ist.

Immer noch in einem außergewöhnlichen Zustand überschwänglicher Freude, schenke ich dem Verletzten die Fotos von meiner Familie.

»My family and I ... we thank you! You all are heroes!« Der Verletzte schüttelt lächelnd den Kopf und deutet auf einen Einheimischen, der in die typischen beige-blauen Gewänder der Muftis gekleidet ist. Und so erfahren wir, dass dieser Mann 25 Tage lang unseren Spuren gefolgt ist, weil die Muftis ihm zwei Dromedare gestohlen hatten. Die Überreste des einen hatte er am Rand jenes Felskessels gefunden, in dem wir 25 Tage verbracht hatten. Nach zehn Tagen informierte er die Armee über die Fährten, die er als Spuren von Einheimischen und Ausländern identifiziert hatte. In den letzten 15 Tagen war er unseren Spuren gemeinsam mit einem Trupp Soldaten gefolgt, die jeden unserer Schritte verfolgten, ohne einzugreifen. Erst hier in diesem Wadi waren die Gegebenheiten günstig genug, um eine Befreiungsaktion zu starten, bei der wir nicht gefährdet wurden.

Wir sind alle überwältigt vom weitsichtigen Handeln dieser Männer. Reno springt spontan auf und drückt dem einheimischen Kamel-Hirten einen Hundert-Euro-Schein in die Hand.

»Was habt ihr mit den Salafisten gemacht?«, fragt Horst.

»Vier von ihnen wurden bei eurer Befreiung erschossen. Den Rest kriegen wir bald, denn wir haben das ganze Gebiet eingekreist, sodass sie nicht fliehen können«, erklärt uns ein Offizier.

Ich versuche, das lang vermisste Gefühl von Freiheit aus-
zukosten, das sich vorsichtig in mir ausbreitet, und stelle
staunend fest, dass die Schmerzen in meinen Beinen verflo-
gen sind.

Für unseren Transport nach Amguid, wo sich ein kleines Militärcamp befand, wurden drei Hubschrauber gebraucht. Der
Aufbruch verlief ähnlich wie mit den Muftis: Wir stiegen
mehrmals ein und wieder aus, bis endlich alle saßen, und als
der Rotor bereits lief, sprang im letzten Moment doch wieder einer der Soldaten hinaus, fing draußen eine Diskussion
an und setzte sich schließlich in einen anderen Hubschrauber …

Dieses Prozedere, das mir aus der Zeit unserer Gefangenschaft so vertraut war, erheiterte mich diesmal auf neue Weise,
denn ich verspürte keinerlei Ungeduld. Als der Hubschrauber endlich abhob und ich das Wadi, in dem wir befreit worden waren, von oben sah, hatte ich das Gefühl, die Anspannung der letzten Wochen ein Stück weit hinter mir zu lassen.

Der kleine Ort Amguid lag nur eine Hubschrauber-Stunde
entfernt. Der Fahrer des Wagens, der uns zum Camp brachte, erzählte mir, es seien eigens 500 zusätzliche Soldaten in
dieses Camp verlegt worden, um die Wüste nach uns abzu-
suchen. Als wir den Innenhof der Kaserne betraten, hatte diese Truppe eine Gasse gebildet und applaudierte uns, während
wir hindurchschritten. Diese Leute feierten uns wie Helden,
obwohl wir unsere Befreiung doch schließlich ihnen zu verdanken hatten!

In einem Raum, in dem der algerische Geheimdienst uns
verhören wollte, bekamen wir die verschiedensten Säfte zu

trinken, die ich kaum anzurühren wagte – ich fürchtete, dass mein Magen die ungewohnte Säure nicht verkraften würde.

Zum ersten Mal seit langer Zeit saßen wir nun wieder auf gepolsterten Stühlen, in die wir voller Wonne hineinsanken. Wir hatten bereits vergessen, dass man anders als auf hartem Boden sitzen kann.

Vor dem Verhör suchte ich in den endlosen Gängen der Kaserne eine Toilette. Dabei kam ich an einem Zimmer mit offen stehender Tür vorbei, in dem ich Leni auf einem Behandlungstisch liegen sah. Doris und Anke standen daneben und redeten beruhigend auf sie ein.

»Was ist los?«, erkundigte ich mich besorgt.

Doris zog mich auf den Gang. »Leni ist während des Hubschrauberflugs zusammengebrochen. Sie zitterte wie Espenlaub und war leichenblass!«

Ich konnte kaum glauben, was Doris da erzählte. »Merkwürdig – sie hatte sich doch vorher immer so gut unter Kontrolle. Manchmal dachte ich schon, sie hätte gar keine Gefühle!«

»Ich denke, es ist gut, dass sie sich jetzt mal ein bisschen hat gehen lassen. Wahrscheinlich hat es sie viel Kraft gekostet, nicht auszurasten.«

Ohne nachzudenken, ging ich wieder in das Zimmer und versetzte Leni einen freundschaftlichen Knuff. »Ehrlich gesagt freue ich mich, dass du zusammengebrochen bist – das zeigt, dass du ein Mensch bist!«

Leni antwortete nicht, sondern sah mich lange mit müden Augen an.

Als ich endlich die Toilette gefunden hatte, empfand ich wenig Erleichterung – das Plumpsklo war in einem ekelhaften Zustand. Offenbar war es monatelang nicht geputzt worden.

Mir fielen unsere Toilettenplätze während der Gefangenschaft ein, und ich hätte viel darum gegeben, nun draußen in der Natur anstatt auf einem Kasernenklo zu sein!

Als ich den Verhörraum wieder betrat, saß bereits ein Offizier des Geheimdienstes da, der endlich mit der Vernehmung beginnen wollte.

Da ich wenig Lust hatte, mir von ihm Löcher in den Bauch fragen zu lassen, stellte ich meinerseits die erste Frage: »Ist die zweite Gruppe ebenfalls frei?«

Der Offizier runzelte sorgenvoll die Stirn und antwortete knapp: »Noch nicht, aber wir hoffen, dass es nicht mehr lange dauert!«

Dann schoss er seine Fragen wie Gewehrsalven auf uns ab:

»Wo genau fand der Überfall statt?«

»An welchen Plätzen wurden die Fahrzeuge abgestellt, die wir noch nicht gefunden haben?«

»Wurdet ihr gut behandelt?«

»Was haben euch die Salafisten über ihre Ziele erzählt?«

»Wie lauten ihre Namen?«

»Haben sie über ihre Familien gesprochen?«

»Kennt ihr Personen aus der zweiten Gruppe der Entführten?«

»Haben die Salafisten Andeutungen gemacht, was sie mit ihnen vorhaben?«

So ging das gute zwei Stunden lang. Horst Abendroth übersetzte die Fragen und Antworten. Ich fragte mich, wie er die Konzentration dazu aufbrachte.

Nach dem Verhör, in dem wir Stück für Stück alle Details preisgaben, die wir über die Gotteskrieger kannten, gab es im Innenhof ein Essen, bei dem Fleisch, Salat und Brot serviert wurden. Obwohl ich auf Hühnchen mit Pommes Frites gehofft hatte, schmeckte mir alles prima.

Dann bekamen wir die Erlaubnis, unsere vom Militär aufgefundenen Autos, die vor der Kaserne standen, in Augenschein zu nehmen. Die sechs Fahrzeuge machten einen weitgehend unbrauchbaren Eindruck, da alle verwendbaren Einbauten ausgebaut worden waren. Kurt Severins Toyota bot einen erschreckenden Anblick: Es gab keine Fensterscheiben mehr, und sämtliche Türen waren mit Einschusslöchern gesprenkelt. In diesem Fahrzeug hatte man angeblich mehrere Salafisten erschossen, aber merkwürdigerweise waren auf den Polstern keinerlei Blutspuren zu sehen.

Erst jetzt erfuhren wir, dass wir nun mit zwei Hubschraubern nach Tamanrasset gebracht werden sollten, wo sich ein großes Militärcamp befand. Es gab die üblichen Verzögerungen, weil einer der Hubschrauber nicht ansprang und eine Ersatzmaschine bereitgestellt werden musste, doch schließlich erreichten wir nach einem fast dreistündigen Flug jenen Ort, an dem wir auf unserer Reise schon einmal Station gemacht hatten. Es war später Nachmittag, als wir wieder die Wüste überflogen, die aus großer Höhe noch faszinierender aussah. Ich hatte mich direkt neben die türlose Öffnung des Hubschraubers gesetzt, um besonders gut sehen zu können. Dabei bemerkte ich, dass aus der Mindesthöhe von tausend Metern, die der Hubschrauber einhalten musste, um nicht beschossen zu werden, Menschen schlecht oder gar nicht zu sehen waren. Wie hätten sie uns allein aus der Luft jemals finden sollen?

Es war schon dunkel, als wir in Tamanrasset landeten. Auf dem Rollfeld drängten sich Menschen, die uns begrüßten und uns zujubelten. Den Frauen wurden Blumen überreicht, und aus allen Richtungen zuckten Blitzlichter. Einige von uns winkten in die Kameras, als wir durch die Menge schritten.

Wir wurden in ein Hotel der gehobenen Klasse gebracht, das zum Militärcamp gehörte und als Unterkunft für hohe Offiziere gedacht war. Dort erhielten wir jeder eine Zahnbürste, ein Reiseset mit Toilettenartikeln, Unterwäsche und die landestypischen langen Hemden, die als Kleidung für ein nachfolgendes Festessen gedacht waren. Ein gesonderter Raum war angefüllt mit Turnschuhen in allen Größen, von denen sich jeder ein passendes Paar aussuchen konnte.

Andi Hagen und ich bekamen ein Zimmer mit weichen, weiß bezogenen Betten und einer eigenen Dusche. Ich hätte mich gern in das Bett gelegt und einfach geschlafen, aber das erlaubte der Terminplan nicht – wir hatten kaum Zeit, uns frisch zu machen und ein wenig auszuruhen, da wir im Hotelrestaurant zum Bankett erwartet wurden.

Unter der Dusche wurde augenfällig, dass ich immer noch einen Teil der Wüste mit mir herumtrug: Es fiel so viel Sand von mir ab, dass der Boden der Duschwanne bald mit feinem rötlichem Staub bedeckt war. All dieser Sand musste zuvor in feinsten Partikeln meine Haut und Kopfhaut überzogen haben.

Mit einem ungewohnt frischen Gefühl auf der Haut stieg ich zögernd in das lange Gewand, in dem ich mir vorkam wie ein Nachtgespenst. Mein mittlerweile gut sechs Zentimeter langer Bart unterstützte diesen Eindruck noch.

Bevor das Bankett begann, wurden wir von ranghohen Offizieren und Regierungsmitgliedern begrüßt, die uns versicherten, dass wir noch vor Mitternacht nach Algier gebracht würden, wo uns angeblich Außenminister Fischer erwartete. Dass wir irgendwann vielleicht mal schlafen wollten, daran hatte niemand gedacht. ›Diese Leute verfügen über uns wie die Muftis‹, ging es mir durch den Kopf.

Die Tische waren mit den erlesensten Vorspeisen gedeckt, von denen wir in den letzten Wochen allenfalls hatten fantasieren können. Ich sah Krabben, kleine Fische und Hühnerbeine, Salate, Brot und kalte Soßen. Mit ungläubigen Kinderaugen starrte ich auf den Tisch und wartete darauf, dass mir das Wasser im Mund zusammenlief. Aber mein Körper hatte Schwierigkeiten, sich auf diese Schlaraffenland-ähnliche Fülle von Speisen einzustellen – ich verspürte keinen Hunger, nicht einmal großen Appetit.

Wir nahmen Platz, und alle pickten fast gleichzeitig mit ihren Gabeln nach den verschiedenen Platten und Schüsseln. Auch ich legte mir ein paar Leckereien auf den Teller, um mich vorsichtig an die verschiedenen Gerüche und Geschmacksnuancen heranzutasten. Die anderen hatten mehr Hunger als ich. Ich hörte: »Mmmmh … probier mal das hier!«, »In dem da ist, glaube ich, viel Koriander« und: »Die Auberginen sind ein wenig zu stark angebraten!«

Das heitere Stimmengewirr tat meinen Ohren gut. Endlich saß die Gruppe einmal in Eintracht an einem Tisch, offenbar bereit, unsere Befreiung gebührend zu feiern. Ich blickte in strahlende Gesichter, und ein wohliges Gefühl überkam mich, als sei ein lang gehegter, nie eingestandener Traum wahr geworden: wir 17 höchst unterschiedlichen Menschen, vom Schicksal fest zusammengeschweißt!

Da wurden neben mir Stimmen laut. Anscheinend hatten sich Reno, Anke und Dr. Stanglmeier in die Wolle bekommen.

»He, lass doch noch ein paar Krabben für uns übrig!«

»Da schaufelt er sich löffelweise vom Feinsten auf den Teller – es ist ja nicht zu fassen!«

»Da hinten am Tisch steht noch eine Platte! Nehmt doch davon!«

»Darum geht's nicht – sondern darum, dass du nur an dich und deinen eigenen Magen denkst!«

Ich erstarrte innerlich. Gerade noch hatte ich uns endlich als eine Gruppe empfunden, die füreinander einstehen würde, und nun zankten sie sich schon wieder genau wie vorher – um ein paar Krabben! 54 Tage lang hatte ich das nun mitgemacht und mich teilweise sogar selbst daran beteiligt – nun hatte ich keine Lust mehr, diesen Kinderkram noch länger zu ertragen.

Wortlos erhob ich mich, kickte meinen Stuhl zurück an den Tisch und verschwand nach draußen auf die Terrasse, wo einige Offiziere an kleinen Tischen saßen und Kaffee tranken.

Ich setzte mich zu ihnen an einen der Tische und bestellte ebenfalls Kaffee.

Immer wieder versuchten sie mir in gebrochenem Englisch klar zu machen, dass drinnen ein Bankett stattfand, bei dem wir Ex-Geiseln Ehrengäste waren. Ich nickte und lächelte freundlich, machte aber keine Anstalten, wieder hineinzugehen. Schließlich gaben sie es auf und fragten mich nach meiner Herkunft, meiner Familie und meinem Leben vor der Gefangenschaft. Ihre Gesten und ihre Ausdrucksweise glichen denen der Mudschaheddin, obwohl sie deren erklärte Feinde waren und die unseren Muftis so verhassten Uniformen trugen.

Über uns wölbte sich der nächtliche Wüstenhimmel mit seinen zum Greifen nahe scheinenden Sternen, und für einen Moment fühlte ich mich so, wie ich mich immer gefühlt hatte, wenn ich nachts in der Wüste saß: friedlich und sehnsuchtsvoll, wie ein Kind, das die Welt zum ersten Mal erfährt und die Regeln der Erwachsenenwelt zu begreifen versucht.

Aus dem Saal war gelegentlich Applaus zu hören, wie er gewöhnlich auf eine feierliche Ansprache folgt. Für meine

Kinderohren klang es fremd, als ob dort drinnen die Welt der Erwachsenen sei, die mir verschlossen war.

Plötzlich stand Reno neben mir. »Na, Alter, feierst du hier eine kleine Privatparty?«

Ich zuckte zusammen. »Warum nicht? Ich finde es schön hier draußen.«

Reno zog sich einen Stuhl heran und sah mir fest in die Augen. »Schöner als drinnen – ich weiß! Findest du es in Ordnung, dich so abzuseilen? Wir haben schließlich allen Grund, ein bisschen zu feiern!«

»Ich hab eure Streitereien dicke – immer dasselbe!«

Reno schwieg einen Augenblick. »Wir sind wohl alle ziemlich dünnhäutig geworden in den letzten 54 Tagen. Jeder hat seine eigene Art, das zum Ausdruck zu bringen. Du nimmst so einen Wortwechsel viel zu ernst. Es gehört in einer Gruppe dazu, dass man sich zankt – auch wegen Kleinkram! Warum musst du jetzt den Beleidigten spielen und uns die kalte Schulter zeigen? Was bezweckst du damit?«

So hatte ich ihn noch nie reden hören. Ich dachte daran, wie kurz unser Gespräch erst zurücklag, bei dem er mir von seinen Selbstmordgedanken erzählt hatte. Offenbar hatte er sich wieder gefangen – so gut, dass er mich nun auf meine eigene Dünnhäutigkeit hinwies!

»Schon gut, Reno … kann sein, dass du Recht hast! Trotzdem möchte ich lieber hier draußen bleiben. Ich bin jetzt wieder ein freier Mensch, und das ist eben meine Art, es zum Ausdruck zu bringen!«

Reno schlug mir sanft auf die Schulter. »Alles klar, Harald! Betrachte es als einen misslungenen Versuch, dich in den Schoß der Gemeinschaft zurückzuholen.« Er erhob sich und ging wieder hinein, magisch angezogen vom fröhlichen Gelächter seiner Tischgenossen, das bis heraus auf die Terrasse drang.

Die Offiziere sahen mich fragend an. Ich nickte ihnen freundlich zu und hob meine leere Kaffeetasse. Einer der Männer ließ den Kellner kommen, um für mich noch mal Kaffee zu bestellen.

Als dieser die volle, wunderbar duftende Tasse vor mich hinstellte, hörte ich einen der Offiziere mit durchdringender Stimme nach drinnen rufen:

»Jallah, jallah! Vite, vite! Vous partirez à Algier maintenant!«

KAPITEL 12

ENDLICH NACH HAUSE!

14. Mai

Natürlich war uns nicht klar, wie viele Stationen und Strapazen wir noch zu bewältigen hatten, bis wir endlich wieder zu Hause ankamen.

Es war kurz vor Mitternacht, als wir mit einer Herkules Transportmaschine, die auch als Suchflugzeug gedient hatte, Tamanrasset verließen und in die Hauptstadt geflogen wurden. Dort sollte uns angeblich der Außenminister erwarten, der aber tatsächlich bereits tags zuvor wieder nach Deutschland abgereist war.

In Algier bereitete man uns einen grandiosen Empfang: Staatspräsident Bouteflika und andere hoch gestellte Persönlichkeiten begrüßten uns höchstpersönlich, und am Rollfeld drängten sich Scharen von Menschen, die uns zujubelten. Die Geländewagen, in denen man uns mit Polizeieskorte in den Hochsicherheitstrakt eines Militärkrankenhauses brachte, fuhren durch eigens für diese Fahrt abgesperrte Straßen, die von vereinzelten winkenden Menschen gesäumt waren.

Wir konnten diesen Aufruhr gar nicht fassen und würdigten ihn möglicherweise auch nicht angemessen, denn wir waren so erschöpft, dass wir die Müdigkeit nicht einmal mehr spürten. Auch in dieser Nacht kamen wir nicht zum Schlafen. Wir wurden auf verschiedene Zweibett-Zimmer des Krankenhauses verteilt, wo wir in der Nacht erneut verhört werden sollten.

Ich teilte das Zimmer mit Hubert Manner, der ebenso wie ich hellwach vor Aufregung war. Während wir auf dem Bett liegend warteten und plauderten, dämmerte es draußen bereits wieder.

Plötzlich hatte ich das dringende Bedürfnis, meinen Bart abzurasieren, denn ich wollte nicht, dass meine Jungs sich beim Wiedersehen vor mir erschreckten. In einem Arztzimmer fand ich schließlich eine Schere, mit der ich den Bart so weit stutzte, dass ich das Rasiermesser ansetzen konnte.

Zum Frühstück brachte man uns Kaffee und Brötchen mit Butter und Marmelade, damit wir gestärkt waren für das, was nun folgte: medizinische Untersuchungen, Verhöre, Besuche von Botschaftern und Psychologen.

Ich wusste nicht mehr, wo mir der Kopf stand. Um endlich meine Ruhe zu haben, unterschrieb ich sogar ein Verhörprotokoll in arabischer Schrift, noch ehe es übersetzt und getippt war.

Unsere Gruppe wurde nach nationaler Zugehörigkeit aufgeteilt, denn für die Österreicher waren nur die österreichischen Regierungsbeamten zuständig, während die Deutschen ein eigenes Team hatten, das sich um sie kümmerte. Für mich war der schwedische Botschafter zuständig, der eigens ins Krankenhaus kam, um mich zu besuchen. Von ihm erfuhr ich, dass er sich in Nordalgerien nur mit Begleitschutz bewegte, während er bei Fahrten in den Süden ohne Bodyguards unterwegs war, da dieser Teil des Landes als nicht gefährlich galt.

Es muss früher Nachmittag gewesen sein, als die deutsche Gruppe, zu der ich transporttechnisch zählte, endlich wieder am Flughafen in Algier eintraf, um mit einem Flugzeug der Bundesregierung nach Köln zu fliegen.

Die Österreicher hatten sich schon im Krankenhaus von uns verabschiedet, da sie mit einem Extra-Bus abgeholt wurden. Auf dem Weg zum Flughafen sahen wir ihren Bus wegen einer Panne am Straßenrand stehen und winkten ihnen fröhlich zu.

Es war später Nachmittag, als wir endlich in Köln landeten. Nach all den Anstrengungen war mir ganz flau im Magen, als wir vom Flugzeug in eine Extra-Halle gebracht wurden, in der unsere Angehörigen auf uns warteten.

Obwohl ich wusste, dass dort Andrea stehen würde, konnte ich es nicht fassen, als ich sie sah – diese wunderbare Frau, die viel hatte durchmachen müssen, bis der Vater ihrer Kinder nun wieder vor ihr stand, übermüdet und ausgemergelt, ähnlich jenen Männern, die die Trümmerfrauen nach dem Krieg wieder in die Arme geschlossen hatten.

Ich kann mich nicht erinnern, dass wir viel sprachen, nachdem wir uns innig umarmt hatten. Wir starrten uns minutenlang in die Augen, bis mir vor lauter Glück die Tränen hinunterliefen.

Während Reno, Kurt, Ingo und Anke noch in derselben Nacht mit Bussen in ihre Heimatstädte gebracht wurden, konnten Eva und Toni mit ihren Angehörigen sowie Andrea, ich und zwei Miesbacher Kriminalbeamte in einem Kölner Hotel übernachten, das der Sonderfonds »Leser helfen Lesern« des Miesbacher Merkur für uns bezahlt hatte. Auch unser Weiterflug nach München am nächsten Tag wurde aus diesem Topf finanziert.

Toni war nicht von der Idee abzubringen, vor dem Schlafengehen noch ein Bier zu trinken. Natürlich begleiteten wir ihn in eine Kölner Bierkneipe und mussten mit ansehen, wie der trainierte bayerische Biertrinker das Gesicht verzog, als er den ersten Schluck genommen hatte – es schmeckte ihm nicht mehr. Mittlerweile hat sich das aber meines Wissens wieder gelegt.

In Begleitung der Beamten erreichten wir am nächsten Tag endlich unseren idyllisch gelegenen Berghof, dessen Eingangstür mit Girlanden und einem ›Willkommen‹-Schild geschmückt war. Hinter dieser Tür warteten meine so lange vermissten Buben Simon und Philip! Als ich die beiden Wildfänge sah, die kreischend vor Freude auf mich zusprangen, warf ich mich mit ihnen aufs Sofa und weinte vor Glück. »Papa! Gell, du fährst nie mehr nach Afrika!«, rief Simon, und ich nickte.

Bis hierher habe ich die Geschichte meiner 54-tägigen Gefangenschaft ganz bewusst aus dem Blickwinkel meines damaligen Erlebens erzählt.

Einige Wochen und Monate später sah ich einige Fakten jedoch in einem anderen Licht, denn ich erhielt nach und nach weitere Informationen, die das Gesamtbild entscheidend veränderten.

So mögen sich einige Leser vielleicht gefragt haben, warum unser Alltag als Gefangene der Mudschaheddin ablief, als ob wir uns in einem Ferienlager befänden, warum wir dumme Witze machten und uns mitunter gegenseitig anfeindeten, obwohl es doch die Gotteskrieger waren, die unsere Freiheit einschränkten und womöglich auch unser Leben geopfert hätten, wenn die Situation es erfordert hätte.

Ich erkläre mir das mit einer Eigenart der menschlichen Psyche: sie passt sich den Gegebenheiten an, um zu überleben. Wir waren gewiss nicht die ersten Gefangenen in der Geschichte der Menschheit, die sich in einer Extremsituation in eine Scheinnormalität flüchteten. Wir betrachteten es gewissermaßen als unsere Aufgabe, die Mudschaheddin mit unserem Verhalten nicht herauszufordern, sondern uns ihren Regeln weitgehend zu unterwerfen, damit jene, die von ihnen erpresst wurden – nämlich die Regierungen Deutschlands, der Schweiz, Österreichs und Schwedens – ihren noch schwierigeren Job erledigen konnten: durch Verhandlungen unsere Freilassung zu erreichen, ohne den politischen Zielen der algerischen Mudschaheddin zuzuarbeiten.

Rückblickend erscheint es plausibel, dass wir eine Menge Aggressionen, die eigentlich unseren Entführern galten, auf andere Gruppenmitglieder umlenkten. Das war wesentlich ungefährlicher, als gegen die Gotteskrieger zu rebellieren, deren fanatische Entschlossenheit immer wieder hinter ihrer offensichtlichen Menschlichkeit durchschien. Trotz steigender Aggressionen kam es daher bei wichtigen Themen nie zu offenen Auseinandersetzungen – eben weil von Anfang an spürbar war, dass die Geiselnehmer darauf ihrerseits mit Aggression reagiert hätten. So haben wir also eine Menge Energie darauf verwandt, Konflikte nicht zum Ausbruch kommen zu lassen – sicher ebenso viel Energie, wie wir aufbringen mussten, um überhaupt tagtäglich den Zustand der Gefangenschaft zu ertragen.

Was die Salafisten betrifft – von uns als ›Muftis‹ bezeichnet –, so stehe ich ihnen mit zwiespältigen Gefühlen gegenüber. Ihr Verhalten uns gegenüber war weitgehend korrekt, teilweise sogar fast freundschaftlich. Zudem erfuhr ich von einigen der Männer biografische Einzelheiten, die mir verständlich machten, was sie in die Arme einer fundamentalistischen Bewegung getrieben hatte. Ihr Werdegang erschien mir infolgedessen durchaus erklärlich, wenn nicht sogar folgerichtig. Dass sie gegen das vom Militär beherrschte algerische Regime kämpften, war für uns alle nachvollziehbar. Dass zu den Mitteln, mit denen sie ihre Ziele verfolgen, auch Geiselnahmen zählen, konnten wir natürlich nicht akzeptieren.

Die Salafisten-Gruppierung, die uns und auch die zweite Geiselgruppe gefangen nahm, ist zirka 50 Mann stark und rekrutiert sich aus Männern mit unterschiedlichstem Hintergrund. Die meisten von ihnen dürften Analphabeten gewesen sein, die ein recht eindimensionales Verständnis des Koran erkennen ließen. Zu den Gebildeteren zählten der Doc, Djedet, Abdel Hak, Abdullah, Paris-Dakar, Elias und der Emir. Letzteren lernte die zweite Geiselgruppe wesentlich besser kennen als wir, die wir ihn selten gesehen und noch seltener gesprochen haben. Aber auch die etwas gebildeteren Salafisten konnten sich stur, naiv oder unduldsam anderen Meinungen gegenüber zeigen.

Mir ist ein Gespräch mit Abdullah genau in Erinnerung, in dem er mir erläuterte, die Salafisten hätten ernsthafte Pläne, den Papst zum Islam zu bekehren – notfalls mit Waffengewalt. Wenn erst einmal der Papst Muslim geworden sei, so würden Milliarden von Katholiken auf der Welt mit einem Schlag Muslime – das war in etwa seine Vorstellung davon, wie die Salafisten Einfluss auf die Welt- und Religionsgeschichte nehmen werden. Weil sie von einem Gebirge namens Alpen gehört hatten, das nicht so weit vom Vatikan entfernt liegen sollte, fragten sie uns, ob man sich dort gut verstecken könnte …

Niemals hörten wir von ›unseren‹ Muftis etwas über die zweite Geiselgruppe, deren Schicksal mit dem unseren auch nach unserer Befreiung noch durch unsichtbare Fäden verbunden blieb. In jenen Monaten von Mai bis August 2003, die noch ins Land gingen, bis auch diese Menschen freikamen, hatte keiner von uns das Gefühl, wirklich frei zu sein – und das, obwohl wir niemanden aus dieser Gruppe persönlich kannten. Sie waren und sind bis heute unsere Leidensgenossen, die mittlerweile auch in unsere Treffen einbezogen werden.

Wie sich später herausstellte, hatte die zweite Gruppe teilweise mit denselben Mudschaheddin zu tun wie wir: Abdel Hak, Abdullah, Djedet, der Doc, Paris-Dakar, Elias und natürlich der Emir spielten auch bei ihnen eine wichtige Rolle. Einige der Genannten traten sogar erst nach unserer Befreiung dort auf den Plan.

Es bleibt also fraglich, welche Muftis das Militär bei unserer Befreiung sowie davor und danach tatsächlich erschossen hat. Abdel Hak, der sich zur fraglichen Zeit mit vier seiner Männer nur 700 Meter entfernt vom Ort unserer Befreiung aufhielt, scheint ihnen jedenfalls entkommen zu sein. Nach Informationen aus der zweiten Gruppe soll der Emir seine Männer mit dem Iveco-Bus genau dort wieder aufgelesen haben – ungestört von jedweden Soldaten, die das Gebiet angeblich eingekesselt hatten.

Rückblickend betrachtet scheint auch der glatte Beindurchschuss des einen Soldaten eine dubiose Angelegenheit zu sein – wie mir ein Mediziner sagte, hätte er heftig bluten müssen, wenn diese Diagnose zutreffend gewesen wäre. Es war aber, wie Toni schon vor Ort bemerkte, kein Blut zu sehen – nicht nur an seinem Bein nicht, sondern auch nirgendwo in der Umgebung, genau so wenig wie in Kurts Fahrzeug, in dem angeblich vier Salafisten erschossen wurden.

Meine Schilderung der Befreiung und ihr Vorlauf legen den Schluss nahe, dass die Salafisten genau wussten, was geschehen würde, und uns absichtsvoll 18 Kilometer weit durch die Wüste hetzten, bis wir an einem vorher festgelegten Ort, der sich geografisch gut dafür eignete, der Inszenierung unserer ›Befreiung‹ zusehen konnten.

Dass unsere Befreiung vom algerischen Militär inszeniert worden sein könnte, kam mir lange nicht in den Sinn. »*You are heroes!*«, hatte ich zu den Soldaten gesagt – in maßloser Freude und Dankbarkeit darüber, dass sie ihr Leben riskiert hatten, um uns zu retten!

Fühle ich mich nun betrogen? Diese Frage ist schwer zu beantworten, denn sie rührt an ein Grundgefühl, das in mir vom ersten Tag meiner Gefangenschaft an wuchs: das Gefühl, Freund und Feind nicht mehr auseinander halten zu können und ein Spielball fremder Mächte zu sein, deren Kampfregeln undurchschaubar bleiben – auch jetzt noch, da ich mehr weiß als damals. Immer wieder fragte ich mich, ob es wohl Querverbindungen zwischen den Salafisten und dem Militär gibt – so unwahrscheinlich das auf den ersten Blick auch erscheint.

Das Filmteam etwa, das uns einige Tage vor dem Überfall mehrfach begegnete: Ich meine, dessen Boss später auf einer französischen Website als Mitglied des algerischen Geheimdienstes erkannt zu haben. Es kann unterwegs gewesen sein, um sich Hinweise auf bereits erfolgte oder geplante Entführungen zu verschaffen. Zu diesem Zeitpunkt wusste man ja bereits, dass drei Motorradfahrer vermisst wurden. Es gibt jedenfalls keine konkreten Hinweise darauf, dass das ›Filmteam‹ in irgendeiner Verbindung zu den Salafisten stand.

Nach unserer Gefangennahme wussten wir lange Zeit nicht, ob das Militär uns feindlich oder freundlich gegenüberstand. Dafür hatten die Muftis gesorgt, die uns die Untaten des Militärs immer wieder vor Augen hielten. Dass Christian sich nach der Befreiung zunächst nicht auf das Plateau traute, auf dem sich die Soldaten befanden, zeigt deutlich, dass seine emotionale Verwirrung immens war – und meine war mit Sicherheit nur unwesentlich geringer!

Ist es möglich, dass Kontaktmänner in die Gefangenen-Gruppen eingeschleust wurden? Technisch und organisatorisch wäre dies sicher möglich gewesen. Nun, für den Fall, dass einer meiner Leidensgenossen also ein Mitarbeiter des BKA war, möchte ich dem Betreffenden an dieser Stelle herzlich danken für das, was er freiwillig auf sich genommen hat. Wer immer es war – er hat seinen Job prima gemacht!

Auf unserem Rückflug von Algier nach München hatte ich Gelegenheit, Staatssekretär Chrobog von unserem freiwilligen Nachtmarsch zu berichten, den ich als Mitglied jener Fünfergruppe unternommen hatte, die angeblich mit dem Emir Tee trinken sollte. »Seien Sie froh, dass dieses Treffen nicht zustande kam!«, rief Chrobog. »Der Emir hatte fünf Geiseln als persönliche Schutzschilde angefordert, um sich Angriffe des Militärs vom Hals zu halten!«

Staatssekretär Chrobog und seiner gesamten Mannschaft möchte ich an dieser Stelle ausdrücklich danken für den Einsatz, den sie monatelang in Algier geleistet haben!

Angeblich gab es einen Befehl, den der nordalgerische Boss der Salafistengruppe unseren Muftis per Funk erteilt haben soll: Sie sollten damit beginnen, uns Geiseln nach und nach zu erschießen. Unsere Muftis sollen sich in dem fraglichen Gespräch geweigert haben, diesen Befehl auszuführen! Die Quelle für dieses abgehörte Funkgespräch ist allerdings nicht die deutsche Spezialeinheit GSG 9, die zu diesem Zeitpunkt bereits in Algerien anwesend war und den Funkverkehr abhörte, sondern das algerische Militär.

Tonis Lebensgefährtin Eva, die am Tag des Überfalls durch eine Kugel am Rücken verletzt wurde, trägt diese Kugel nach wie vor im Körper. Der Doc, der die Theorie aufgestellt hatte, die Kugel sei am Rückgrat abgeprallt und aus dem zweiten Loch wieder ausgetreten, hat sich geirrt – das zweite Loch entstand durch Metallsplitter aus der Rückbank des Toyota. Da die Kugel momentan keinen Schaden anrichtet, wird man sie erst dann entfernen, wenn sie ein Organ gefährdet oder dichter unter die Haut wandert, sodass sie leicht herausoperiert werden kann.

Erst jetzt, nachdem die zweite Gruppe ebenfalls frei ist, beginne ich allmählich, das Erlebte zu verarbeiten und in mein anderes, normales Leben als Familienvater einzuordnen. Vieles brach noch einmal in mir auf, als die Freilassung unserer Leidensgenossen endlich Fakt war. Zu diesem Zeitpunkt benötigte ich psychologische Hilfe, die ich von einem Polizeipsychologen bekam, den mir die Kripo Miesbach vermittelte. Ihm und den beiden Kripo-Beamten Diana Utsch und Rainer Kehrer bin ich zu großem Dank verpflichtet, denn sie haben sich hervorragend um mich gekümmert.

Ebenfalls danken möchte ich an dieser Stelle meinem alten Freund Peter Pzygodda, der mir nach meiner Heimkehr ein wenig den Kopf zurechtrückte. Vor allem aber bin ich ihm dafür dankbar, dass er mich mit Susanne Längsfeld in Kontakt brachte, ohne die dieses Buch nicht zustande gekommen wäre.

Nach allem, was ich erlebt habe, sehe ich hauptsächlich das Gute, das daraus entstanden ist: Meine 15-jährige Tochter aus einer früheren Beziehung nahm nach meiner Rückkehr aus Algerien endlich wieder Kontakt mit mir auf. Auch meine drei Halbgeschwister, die aus einer früheren Ehe meines Vaters stammen und die ich nie kennen gelernt hatte, haben mich aufgesucht und pflegen nun Kontakt zu uns.

Vieles hat sich also seit meiner Rückkehr verändert. Mit Sicherheit werde ich meine Zeit in Algerien nie vergessen können. Viele Gefühle kann ich nur mit denen teilen, die das Gleiche erlebt haben. Weil es uns allen so geht, werden unsere Treffen wichtig bleiben, auch wenn die Gefangenschaft einige Freundschaften zerstört hat. Andererseits sind aber auch neue Freundschaften unter uns entstanden, die hoffentlich niemals derartigen Bewährungsproben ausgesetzt werden!

Die Wüste selbst bleibt nach wie vor ein Punkt der Sehnsucht für mich. Dennoch werde ich mich aus nachvollziehbaren Gründen nie wieder in die Sahara begeben. Es gibt schließlich eine Menge anderer Reiseziele!

NACHWORT

von Andrea Bernöcker

Das Licht brannte noch. Er war also nicht gekommen.

Als ich an diesem Sonntagmorgen im März nach einer unruhigen Nacht aus dem Schlafzimmer kam, fiel mein Blick als Erstes auf den hellen Schein, der durch die Milchglasscheibe unserer Haustüre schimmerte. Es war die Außenbeleuchtung, die ich für Harald angemacht hatte, und die er, wäre er gekommen, gelöscht hätte.

Er sollte spätestens in dieser Nacht von seiner Algerienreise zurückkehren.

Während ich auf den hellen Punkt hinter der Scheibe blickte, wurde mir klar, dass sich meine Befürchtungen der letzten Tage bestätigt hatten. Bei einem normalen Verlauf ihrer Reise hätten sie am Freitagmorgen den Fährhafen in Tunis erreichen müssen. Allerspätestens hier hätte er sich telefonisch gemeldet. Sein letzter Anruf lag jetzt 16 Tage zurück.

Auf dem Weg zur Küche versuchte ich meine Gedanken zu ordnen. Was musste ich jetzt unternehmen? Ich hatte mich mit dieser Reise, im Gegensatz zu anderen, kaum befasst. Nur vage konnte ich mich an die Route erinnern, die Harald mir am Abend vor seiner Abreise mit dem Finger auf der Karte nachzeichnete. Mir fielen gerade mal zwei Campingplätze und Tamanrasset ein. Lächerlich in Anbetracht der Größe

Algeriens. Noch nicht mal die Telefonnummern der anderen Angehörigen hatte ich; im Gegensatz zu ihnen, wie sich bald herausstellte.

Um acht Uhr kamen die ersten telefonischen Anfragen, ob Harald nach Hause gekommen wäre. Plötzlich ging alles sehr schnell. Es wurden Daten gesammelt, Kontakte hergestellt, Informationen ausgetauscht und auch Computer geknackt, um an die Routenbeschreibungen zu kommen. Das Telefon lief heiß.

Bereits am frühen Nachmittag konnten mit Hilfe von Polizei, Freunden und Angehörigen die für eine Suche notwendigen Angaben an die zuständigen Behörden in Algier weitergeleitet werden. Zu diesem Zeitpunkt war ich noch fest davon überzeugt, dass möglichst präzise Angaben notwendig wären, um Chancen auf einen Sucherfolg zu haben. Deshalb verbrachte ich die kommende Nacht mit dem erneuten Studieren der Reiseroute. Es gab viele Gründe die Route zu ändern. Was also konnte vorgefallen sein?

An diesem Sonntag war ein Orkan über die Kinder und mich hinweggefegt; nichts war mehr wie vorher. In den kommenden Tagen begann ich unseren Alltag neu zu organisieren. Dank meiner Familie und unserer Freunde waren schnell gute Lösungen gefunden; es war immer jemand für uns da.

Unser ruhiges Heim entwickelte sich zwischenzeitlich zu einem surrenden Bienenstock. Aber dies ging nach gut einer Woche vorbei; es hatte die Zeit des Wartens begonnen.

Einmal mehr war ich froh über unseren kleinen, abgelegenen Bauernhof, in dem wir seit drei Jahren leben. Hierher konnte ich mich mit den Kindern zurückziehen, wenn es nötig war. Da ich ihnen gezeigt hatte, in welcher Himmelsrichtung Algerien liegt, konnten sie all ihre Wünsche und

Hoffnungen für die Geiseln, insbesondere ihren Papa, mit einer Kusshand dorthin auf die Reise schicken. Wir betrachteten die Sterne und jeder konnte seinen stillen Dialog mit ihm führen.

Nachts kreisten meine Gedanken um diese 32 Menschen, die jetzt irgendwo mit ihren Ängsten und Nöten, sicher auch Hoffnungen, unter dem algerischen Sternenhimmel saßen. Wie es ihnen jetzt wohl ging?

Es gab so wenig Fakten, dafür umso mehr Spekulationen. Die Berichterstattung reichte von baldiger Befreiung bis hin zu ersten Hinrichtungen. Analog dazu schwankten meine Gefühle, auch wenn ich nur einen Bruchteil davon glaubte. Es gab Tage größter Niedergeschlagenheit. Und dann war wieder dieses Bild vor mir: wir alle vier strahlend an einem Flughafen, den erschöpften Harald in unserer Mitte.

Am 13. Mai spät abends überbrachte mir die Polizei dann die Nachricht von der Befreiung. Tags darauf überschlugen sich die Ereignisse, wie an jenem Sonntag vor sieben Wochen. Ich flog ohne Kinder nach Köln. Nach der Landung war ich das erste Mal bereit, wirklich zu glauben, was mir die Nacht zuvor mitgeteilt wurde. Wir warteten in einem gesonderten Raum auf die Ankunft der Maschine. Es erschien mir endlos lange. Dann verfolgten wir die Landung des Bundeswehrflugzeugs im Fernsehen, wie es langsam über das Rollfeld auf unser Gebäude zukam und davor stehen blieb. Ich sah ihn die Treppe runtergehen, es war wirklich Harald! Wenige Minuten später kam er durch die Tür des Warteraums ...

ANHANG

Anmerkungen zur politischen Lage in Algerien

Die Salafisten-Gruppe für Predigt und Kampf (GSPC), die für die Geiselnahme von insgesamt 32 Touristen in der südalgerischen Sahara verantwortlich ist, kämpft für die ursprünglichen Werte der Moslems, die durch die von ihnen als schmerzlich empfundene Übermacht Europas in Vergessenheit geraten sind.

Ihr Name leitet sich von dem arabischen Wort ›salaf‹ ab, das ›Vorfahren‹ bedeutet und sich auf die ersten Muslime bezieht. Ihrer Meinung nach muss der Islam zu seinen Wurzeln zurückkehren und sich von unislamischen Neuerungen reinigen. Anders ausgedrückt: Die Salafisten versuchen den algerischen Staat mit terroristischen Mitteln zu stürzen.

Die GSPC spaltete sich 1998 von der Bewaffneten Islamischen Gruppe (GIA) ab und kann mittlerweile bis zu 300 Terroristen mobilisieren. Sie wird von einem abtrünnigen Unteroffizier der algerischen Armee angeführt, der ursprünglich zu den Fallschirmjägern gehörte und dann desertierte. Dieser Hüne, Abderrezak el Para genannt – sein eigentlicher Name ist Amari Saifi –, heißt im vorliegenden Buch der Emir, was so viel wie Boss oder Chef bedeutet. Der Mann gilt als unbeugsam aber charismatisch. Er selbst bezeichnet sich als streng aber gerecht. Angeblich beruft er gern Tribunale ein, die über das Schicksal von Geiseln befinden müssen. Bei einem Überfall auf einen Armee-Posten sollen er und seine Männer im Januar 2003 49 Soldaten getötet haben. Die Waffen, die dabei erbeutet wurden, waren wohl jene Kalaschnikows, die auch bei dem in diesem Buch geschilderten Überfall und später bei der Bewachung der Geiseln zum Einsatz kamen.

Para kann wegen schmerzhafter Hühneraugen schlecht laufen und fährt deshalb am liebsten im Auto oder reitet auf einem Esel.

Seit Algerien im Juli 1962 seine Unabhängigkeit von Frankreich erlangte, bildete sich eine Clique von Militärs heraus, die der ehemaligen Kolonialmacht Frankreich immer noch freundlich gegenüberstanden, sich aber im letzten Moment auf die Seite des algerischen Widerstands geschlagen hatten. Durch ihre Beziehungen zum Ausland waren sie für den Aufbau der algerischen Wirtschaft nach 1962 so wichtig, dass die Regierung nicht ohne sie auskam.

Eine solche, ausländischen Geldgebern zugeneigte Politik war vielen Traditionalisten ein Dorn im Auge und führte dazu, dass in der Bevölkerung ein fundamentalistisch orientierter Widerstand heranwuchs.

Nachdem die Armee 1988 Streiks und Unruhen im Land blutig niedergeschlagen und dabei 500 Tote in Kauf genommen hatte, gründete sich im März 1989 die FIS. Diese islamistische Partei trat bei den ersten freien Kommunalwahlen im Juni 1990 an und gewann auf Anhieb 55 Prozent der Kommunen für sich.

Nachdem die FIS im Mai 1991 zu einem Generalstreik aufgerufen und neue Wahlgesetze gefordert hatte, richtete die Armee ein Blutbad an, um den Streik zu beenden. Es wurde der Ausnahmezustand verhängt, und die für Juni 1991 vorgesehenen Parlamentswahlen wurden auf Dezember verschoben. Noch vor den Wahlen wurden die beiden FIS-Führer

Abassi Madani und Ali Benhadj verhaftet. Dennoch konnte die FIS im ersten Wahlgang 47,3 Prozent der abgegebenen Stimmen für sich gewinnen! Fast die Hälfte der Wähler hatte den Gang zur Urne allerdings gar nicht erst angetreten.

Zum zweiten Wahlgang, der für den 16. Januar 1992 vorgesehen war, kam es gar nicht mehr – das Militär putschte und zwang den Präsidenten zum Rücktritt. Nachdem auch der FIS-Führer Hachani verhaftet und erneut der Ausnahmezustand verhängt worden war, wurde die FIS im März 1992 verboten, und die von ihr kontrollierten Kommunalverwaltungen wurden aufgelöst.

Seither versinkt das Land zunehmend in Chaos. Die aktiven FIS-Mitglieder von damals haben sich zum Teil bewaffneten Gruppen angeschlossen, die im Untergrund agierten. Wer im Verdacht stand, Sympathisant der FIS zu sein, konnte nach den nun herrschenden Landesgesetzen verhaftet und umgebracht werden. Viele Massaker, die den Islamisten angelastet wurden, hatte aber das Militär selbst inszeniert, um zivile Unterstützer der FIS abzuschrecken und die innenpolitisch instabile Lage für den Ausbau seiner Macht zu nutzen.

In Europa weiß man bislang wenig über das Ausmaß und die Hintergründe jener Massaker, die mittlerweile mehr als 100 000 Menschen das Leben gekostet haben. Schätzungen zufolge gibt es noch einmal so viele, die einfach verschwanden, also bis heute als vermisst gelten.

Die Eskalation der Gewalt, die nicht nur auf das Konto der bewaffneten islamistischen Gruppierungen, sondern auch auf das des Militärs geht, hat dem Land einen Bürgerkrieg beschert, dessen Ende noch lange nicht abzusehen ist. Wenn Ausländer zwischen die Fronten solcher Gegner geraten, ist nicht mehr kalkulierbar, welchen Zielen sie geopfert werden.

Das erklärte Ziel der GSPC, eine Privat-Armee gegen das Militär aufzurüsten, kostet viel Geld. Dieses Geld muss beschafft werden, da kurz nach den Anschlägen vom 11. September 2001 die Konten der GSPC bei amerikanischen Banken eingefroren wurden.

GLOSSAR

Camouflage: (französisch): Versteck, verstecken
Dromedar: einhöckriges Kamel
Emir: weltlicher Titel für einen Boss, Chef, Anführer
GPS: Global Positioning System, Navigationsgerät, das auf Funksignale von Satelliten reagiert
Guelta: von Regenwasser gespeiste Wasserstelle
Gundi: Klippenschläfer, dem Meerschweinchen ähnliches Nagetier, das sich bevorzugt in Felswänden aufhält
Jallah, jallah: (arabisch) schnell, schnell
Kalaschnikow: ursprünglich tschechische, jetzt russische Automatik-Waffe
Mudschaheddin: Gotteskrieger, Mann der – auch mit Waffengewalt – für die reine Lehre des Islam kämpft
Mufti: islamischer Würdenträger, unter Sahara-Fahrern: wertneutrale Bezeichnung für einen Einheimischen in Landestracht
Salafisten: islamistische Kämpfer, die eine Rückbesinnung auf die traditionellen Werte des Islam herbeiführen wollen. Das Wort leitet sich vom arabischen ›salaf‹ ab, das ›Vorfahr‹ bedeutet.

Wadi: Tal, ausgetrocknetes Flussbett, in dem der frühere Wasserlauf schluchtenähnliche Gesteins– und Erdformationen in die Landschaft gegraben hat

Zoya ist 23 Jahre alt und stammt aus Kabul. Seit 1994 ist sie
Mitglied von RAWA, dem revolutionären Frauenverband
Afghanistans. Diese Widerstandsbewegung kämpft seit über
20 Jahren gegen fundamentalistische Restriktionen und für
eine Gleichheit der Geschlechter, vor allem für Bildung und
Gesundheitsversorgung für Frauen. Die sanften Rebellinnen
operierten während der Taliban-Herrschaft unter unglaublichen
Gefahren von Pakistan aus. Sie schleusten Ärzteteams und
Krankenschwestern nach Afghanistan ein und brachten Mäd-
chen und Frauen heimlich Lesen und Schreiben bei. In der
pakistanischen Grenzstadt Ouetta haben sie ein Flüchtlings-
lager mit Krankenhaus und Schule organisiert.
Die beiden Journalisten John Follain und Rita Cristofari trafen
Zoya in Rom, wo sie Vorträge hielt und Spendengelder für
RAWA sammelte. Dort begann Zoya, ihre Lebensgeschichte zu
erzählen und von ihrem gefahrvollen Alltag in Afghanistan zu
berichten, wo Frauen weniger gelten als Tiere und öffentliche
Hinrichtungen in Fußballstadien an der Tagesordnung sind.

ISBN 3-404-61497-6

BASTEI
LÜBBE